不普通的普通小孩

羊羊老師愛的魔法教室
召喚孩子的超能力

楊元安｜羊羊老師——著

推薦序——

善良是一種彌足珍貴的選擇

蔡傑爸

我從小就喜歡運動，有一回在學校看見跆拳道社在練習，覺得每個人都好帥氣，回家後跟爸爸提出想要學跆拳道的事情，得到的回覆是：「不用學打架，你好好念書就好。」

我也喜歡畫畫，有一次老師看到我的作品，稱讚我有藝術天分，剛好美術班在招生，老師給我一張報名表，偷偷的跟我說：「名額有限，這不是每個人都可以參加的喔！」我非常興奮，一路跳著回家，趕緊找媽媽簽名，可是卻被潑冷水：「學這個沒用，你好好念書就好。」

以前的年代，孩子生得比較多，父母的觀念是：會念書的孩子，你要什麼，我就給你什麼，不會念書的孩子，什麼都沒份。偏偏我是家中功課最差的孩子，我做什麼都行，就唯獨念書不行。

如果套用在現在這個年代，我也應該算是有學習障礙的孩子，能力會落在資源班，很可惜，我太早出生，如果可以晚四十年才出生，我也好想去當羊羊老師的學生。

羊羊老師提到為什麼有些人無法專心，不懂得自我檢討，常常忘東忘西，原來是前額葉多巴胺分泌不足，鏡像神經元受損，海馬迴功能低落⋯⋯等生理因素所造成的結果，很遺憾，一般人並不懂這些專業名詞，只看到這些令人討厭的行為。

這些行為並非故意的，而是孩子無法掌控自己身體的悲哀，如果可以選擇，大家都想當天才，誰想要當智障？如果可以得到讚美及好人緣，誰想要被歧視及顧人怨？

我的孩子是重度自閉症，無口語能力，具有情緒障礙、智能障礙，行為亂七八糟，為了孩子，我辭去工作，從工程師變成全職爸爸，從全職爸爸變成教練，從教練變成作家，從作家成為親職教育講師。

一路走來嘗盡人情冷暖，也遇到許多貴人，其中幫助我們最多的都是特教老師，她們不僅僅是孩子的特教老師，也都是我的特教老師。

陪伴孩子二十年，我發現很多事情都是一體兩面，沒有什麼事情是「絕對的對」或「絕對的錯」，當我們必須在「正確」與「善良」兩難之間做抉擇時，你會如何選擇？

從這本書中，你會發現羊羊老師選擇的都是「善良」，這也是我想為這本書推薦的主要原因，這會帶給人們幸福與溫暖，也是老天爺給我們每個人最珍貴的人格特質。

推薦序——

在愛裡徹底實踐共融與融合

花媽 卓惠珠／《幫助高功能自閉與亞斯伯格》版主

隱性障礙孩子由於缺乏明顯的身體或認知缺陷表徵，常常被當一般人對待與期待，而當他們有比較不一般的反應時，就常被師生誤解、忽視，不僅錯失早期介入與支持這類孩子的機會，更對其他孩子示範了「不共融且不融合」的身教。

而拜讀完羊羊老師的《不普通的普通小孩》非常感動。原來有人把共融和融合做得這麼徹底，不但乘載滿滿的愛，更是提供了一個又一個的實用技巧，可以讓我們具體仿效。很開心我能在本書中，找到多個問題的答案。

羊羊老師描述，香菇男孩在小人國用十元投扭蛋機，結果錢被吃掉了，商品卻都沒有掉下來，羊羊老師感同身受的說：「如果是我，我也會好難過。」先同理孩子的情緒。

接著香菇男孩說：「而且我按退幣鈕也沒用，也找不到工作人員。」

然後回饋了孩子的努力：「你已經試過好多方法了呀。」

接著反映給園方，用十元與一封信，教會了孩子如何面對失落的情緒，以及後續可以有的作為。從頭到尾完整的陪伴孩子的情緒，也具體的稱讚孩子的作為，並在去信給園方後，知道投幣金額不足，以至於沒有扭蛋落下，也藉此機會教育香菇男孩，這麼縝密的神操作，絕對是危機處理的好教材。

多年來我的教育、教養方式始終覺得，教育孩子除了愛還要有科學方法，羊羊老師完全做到了。對於孩子犯錯，羊羊老師說：「對我而言真正的愛，是我告訴對方我不喜歡他的某些作為，但是我還是會想要和對方保持連結與關係。所以我常常會告訴孩子們：『你犯錯了，老師還是會愛你呀，可是我也希望你能夠改進，我希望你能夠成為更棒的你自己。』」

在陪伴隱性障礙孩子成長的路途上，我希望讓一般人也看到在這個議題上人人有責，而非事不關己或無能為力。感謝羊羊老師讓我看到具體實踐的方法和希望。我深深覺得這本書不但教育人員必讀，這本書也足以適合提供給一般家長閱讀，以打造讓愛普及於世的心靈無障礙空間。

推薦序——

愛的力量超乎我們想像的強大

余懷瑾／講師、作家

除了父母之外，有沒有人真心愛孩子，尤其是特殊氣質的孩子？當然有，我們所處的世界很溫暖，有許多人想要陪伴這些孩子，人們需要的是方法，如何陪伴他們的方法，讓他們感受到溫暖和關懷。

我是老師，也是媽媽。有一對腦性痲痺的雙胞胎女兒，兩個女兒行動都不方便，但大女兒平平的學習之路，明顯比認知落後的小女兒安安順利些，安安在小學一、二年級，作業就得寫到晚上十點，我三不五時就要在聯絡簿上，寫下她有多麼的認真，但還是無法完成家庭作業。更有一次，爸爸直接在安安生字簿描線條。我也曾經陷入無法教育自己孩子的困境，跌跌撞撞，想方設法，對孩子的愛讓我相信她們終究會發光。

第一次看到羊羊的文章，覺得這個老師好善良，好為孩子們著想，在她心裡每個孩子都值得好好對待，是寶貝，是陽光，是獨一無二的存在。

她陪著他們解決各自的難題，沒有暴怒，不是指責，關心課業，也在乎內在的情緒，心心念念想的是能為孩子做什麼，同理孩子，對話與聆聽，了解孩子的喜好，找到孩子適合的方法。天啊！她是特教老師耶！是所有學習階段中最辛苦的老師，面對的是最需要花時間和力氣的學生們，她讓我們看到了這些孩子存在的價值，她展示的是教育扶弱拔尖的可貴。

羊羊的文章不是只有給特教生師長看，更是讓一般人了解怎麼樣友善對待特殊需求的孩子，我好喜歡她，喜歡不能只是說說而已。我很少在臉書留言給未曾謀面的人，我留言給她，表達對她的敬佩之情；編輯請我寫推薦，讓我選擇短文或長文，我義不容辭的選擇長文，好想讓更多人知道羊羊的好，她的分享無疑是給師長們注入強心針，了解沒有不能教的孩子，照她書中的方法實踐，親師溝通有進展，孩子的學習視野更寬闊。

羊羊是個覺察力極強的人，十二歲的她擔任資源班志工，面對歪著頭、坐輪椅、流口水、話說不清的同學，她沒有排拒，反而流下淚，這是她從事特教初衷的起點，意識到自己的天賦，升大學填志願時，理所當然選擇特教系。即使從事多年教職後，不改其志。她的熱情具有感染力，我在閱讀初稿時，被她的真心打動，紅了眼眶，特教家庭好需要這樣能夠換位思考的老師，我一定要向你推薦這本書，她的文字和她所做的事同樣動人，你會相信在教育的道路上，愛的力量超乎我們想像的強大。

推薦序——

超越同理的深刻，化解界線與隔閡

曾琮諭（曾柏穎）／妥瑞症患者、總統教育獎得主

身為妥瑞症、注意力不足過動症與相關共病症的患者的我，拾起這本書閱讀時，我由衷的感謝與佩服這本書的誕生，以及羊羊老師奮不顧身的堅持。

在我的日常生活中，專研身心障礙者相關研究、四處演講或是倡議，都讓更多人理解妥瑞症與特殊教育的重要性，常常能夠帶給人們不同的啟發與感動。而這本書，同時具備這樣的力量，更在字裡行間的深刻描繪中，發人省思，也使人感同身受不同特殊需求者的處境與遭遇。

我的童年，就如同羊羊老師所撰寫的故事，同樣面臨許多接踵而來的考驗與磨難，被歧視與汙名的經驗總是家常便飯，但真實遇到如同羊羊老師一樣，真誠的貴人也不算少，其實要同情（Sympathy）別人很簡單，但同理（Empathy）他人相對困難。我佩服羊羊老師與推薦此書的原因在

於，身為特殊需求者，我在這本書看見的不只是感同身受的愛，更是對於這些特殊需求者的理解與支持。其實我們都知道，在這世界上沒有誰有責任或義務要同理或包容任何人，但如果我們都能夠試著不將自己的主觀判斷套用在別人身上，有更多的空間去體會他人的感受與遭遇，是否就能化解界線與隔閡呢？

人們時常會對於不同的人事物給予主觀的見解與批判，若這些情緒與進退應對，對當事人是種負荷，往往深刻的造成負面的創傷經驗（Adversity Experience），所以我們都別忽略了自己的作為可能造成對方一輩子的傷痛；相反的，也有可能在不經意的作為背後，造就了他人莫大的勇氣與動力，看到羊羊老師撰寫的故事，我想起了那些對我抱持希望並永不放棄的貴人，不禁潸然淚下。在這本書的三個章節篇幅與面向，我們可以透過羊羊老師的揭露，除了了解他們的特殊需求與處境外，這些寫進故事裡的主角們，都會成為他人的祝福與善的循環。

推薦序——

不一樣，又怎樣？

王意中／王意中心理治療所所長、臨床心理師

不一樣，又怎樣？說真的，在這個世界上，又有誰是一模一樣？我們對於周遭和自己看似不同的對象，很容易心存偏見，而認為對方奇怪。然而究竟是對方怪，還是我們涉世未深，眼界狹隘？我相信後者的可能性居多。

不同身心特質的孩子，在融入校園裡的生態，很不容易。這一切的一切，端視身旁的老師，以及一般同學如何來看待特殊需求孩子。

在這裡，我要特別強調「需求」這兩個字。當我們過度的著墨在特殊孩子，就很容易忽視了他的需求，而僅僅在看得見的症狀、缺陷、限制、不足等打轉。

每個特殊需求孩子，無論是自閉症、亞斯伯格症、ＡＤＨＤ、妥瑞症、選擇性緘默症、學習障礙、智能障礙、發展遲緩等，這些孩子往往受

到生理、心理、環境之間相互的交錯而影響。說真的，孩子自己也不想要如此。誰不想可以像班上其他的小朋友一樣，自由自在的適應，順順利利的學習，結交親密的朋友，滿滿的肯定成就。

面對這群孩子們，需要的不是同情，而是同理。同理兩個字好說，但不好做，卻又值得我們好好去感受。就如同特殊需求孩子「融合」在普通班級裡也是一樣。當我們期待這些孩子們能夠了解周遭他人，我相信，轉個彎，從我們開始來了解他們，會比較容易一些，速度會比較快。

對我來說，診斷一直是一種溝通，有助於讓我們很快的了解眼前這些孩子的需求與樣貌。大人如何來看待這些診斷，是否跳脫刻板印象？是否帶著良善？將在在決定著我們如何對待這些孩子們。《不普通的普通小孩》讓我們以愛、以對人的尊重與了解，來欣賞我們生活周遭這一群特殊需求孩子們。

別忘了，他們依然是孩子，活生生的孩子，如同其他人一樣，需要被愛與合理對待的孩子。

推薦序——

讓每個獨一無二的生命得以開展

曲智鑛／陶璽工作室創辦人、身生實驗教育計畫主持人

每個人都是獨特的，在《不普通的普通小孩》此書中，我們可以看見多元的生命樣態，看見許多不同特質孩子的生命片刻。教育是「人」的工作，對於人有愈多的理解，愈有機會讓自己在這樣的場域中展現彈性和韌性。面對這些獨一無二的生命體，我們需要的是理解，理解每一個孩子的特質和需求，即使是看似微不足道的需求，我們都要大大的將之放在心上。因為唯有如此，關係才能建立起來，孩子才能從這些真實的連結中，長出安全感與歸屬感，生命才得以開展。

我相信書中這些孩子的故事，對於第一線教育工作者來說並不陌生，也可說是我們的日常。這些真實案例的紀實可以幫助我們思考：如果今天是我遇到這個孩子，在這樣的情境中，我會怎麼做？我和作者想的是一樣的嗎？還是我有什麼樣更好的作法？閱讀本書可以刺激我們提取這些過往

的舊經驗，讓我們有再一次省思的機會。

就像作者在後記中提到的，雖然本書中的許多案例都讓人感覺清新溫暖，但是特教老師的日常也有許多暗黑與辛苦的一面。刻意這樣的呈現並不是要掩飾，抑或忽略這些真實面。而是我們的社會從來就不缺惡意與不堪，因為這些孩子的優勢，往往在被看到之前，就被缺點與問題淹沒了。我們需要提醒，讓更多人有意願且有能力看見孩子行為問題背後的原因，因為沒有人想要成為壞孩子！每個人都渴望被他人理解與接納，但是在這些最需要得到的孩子身上，往往似乎獲得最少。

我一直認為每一位老師都要花時間書寫，這也是我近年來堅持寫作的原因，書寫是一種整理，幫助我們看見自己，能觀照內心，審思教育理念與價值。書寫能幫助我們認識自己，同時幫助我們思考：我是如何看待這樣的專業工作？我是如何看待眼前的這群孩子？《不普通的普通小孩》對我來說就是這樣的一本書，一位教育工作者很真誠的面對自己，將第一線的觀察與感受分享出來。雖然書中談的多半是孩子，但其實也真正在剖析著自己。

好評推薦——

一個孩子如果能夠被濃厚的愛包覆著，能夠被充滿童趣與幽默的心承接住，能夠被理解而創意十足的對待，會有多麼巨大又細緻的改變？因為羊羊老師，一群「不普通的普通小孩們」正在發生如此動人的變化。

《不普通的普通小孩》不僅是談論特殊教育，展現更多的是，以專業的素養，透過細膩的觀察，站在孩子的角度思考，充分同理孩子的難處，並針對孩子的不同特質，所面臨的各種困境，羊羊特教老師發揮無比驚人的想像力，顛覆固著的師生互動模式，創造一個又一個讓人拍案叫絕的方法，為孩子打造友善的求學氛圍，甚至是一個足以茁壯的成長環境。

談教育的書，多流於教導方法，很難感動人心。而《不普通的普通小孩》卻讓我感動欲泣，值得所有需要面對孩子的大人閱讀。

——李佳燕／傳家家庭醫學科診所負責醫師、「還孩子做自己行動聯盟」發起人

目次

輯二／障礙特質的難

輯三　人際關係的傷

作者序——

站在這裡，是我心底最真實的呼求

國小時我曾擔任資源班的志工，在一次跨校交流中，我看見別校一個特教班的學生，明明和我一樣十二歲，卻四肢無力的坐著輪椅、歪著頭、流著口水，嘴巴還不時發出含糊的聲音。

看著眼前的景象，我突然流下淚水，周圍的老師以為我嚇到了，但我搖搖頭。現在回想起來，當時的眼淚比較像是心靈被拓展的觸動，覺得：「啊，原來世界這麼大，而我所認知的是這麼渺小呀！」

那是第一次，特教吸引了我。它讓我看到自己未知的世界。

高中時帶美語夏令營，有個學習困難的孩子叫 William，在我的陪伴下很努力的背著臺詞，為的是在營隊最後一天的成果展能表現給爸爸看。

沒想到表演的當天，臺下太多觀眾了，William 腦袋一片空白、徹底忘詞，他爸爸也因為覺得自己的臉被兒子丟光，憤而起身離席。

我連忙小跑步上臺到 William 身邊，低聲鼓勵道：「我們都知道你一路走來有多努力，你只要做回平常的自己，就是最棒的了。」

他才猛然從失落中回過神，斷斷續續但堅持的背完臺詞，最後獲得滿堂喝采。

那是第二次，特教吸引了我。它讓我見到自己潛在的能力。

因為這兩段經歷，讓我升大學填志願時，非常篤定非特教不填，硬是把北臺灣到南臺灣所有的特教系都填了一遍。

奇形怪狀也很可愛

大學時，有個教授家中有橘園，有次他帶我們全班去他家採橘子，大家玩得不亦樂乎，集合時每個人都採了一小簍橘子。

教授掃視大家採的橘子，半開玩笑的說：「果園裡的橘子有漂亮的，也有不漂亮的，低頭看看自己選的橘子，就知道自己有沒有適合當特教老師的特質了。」

畢業時，去苗栗採草莓，又想起這段往事。

「喔喔喔——這顆的形狀好像屁股！」

「喔喔喔——這顆的形狀好像章魚！」

我興奮的在草莓園中穿梭。

「羊羊你怎麼都採奇形怪狀的啦！」朋友大笑。

我停下腳步，低頭看著籃中的草莓：「欸？真的欸！」

「要採這種標準正的呀。」朋友指著其中一顆草莓。

「沒關係啦，反正吃下去都一樣。」我說，「大家都只喜歡標準正草莓，那奇形怪狀的草莓會很可憐欸！而且它們明明就很可愛。」

語畢，我突然想起大學時我低頭看向手中那隻歪七扭八的橘子，「很可愛啊」竟然也是當時最理直氣壯的理由。

原來有些深植血液中的堅持，不會隨著時間而被稀釋，而會在不同時空的類似情境下，一次又一次的彰顯。彷彿在提醒著我們：也許世界可以磨去我們的稜角，可我們最初的善良與熱情，永遠磨不掉。

專注自己的步伐

剛考上正式老師時，很雀躍，雖然常被猜是幼教或音樂老師，但我知道，自己就是容易吸引特殊孩子。

暑假去日本幼兒園實習，有位媽媽說他女兒明明超怕生，在學校也不太說話，卻在等校車時主動過來牽我的手，媽媽好驚訝，所以非常想招待我去他們家玩。

那時人生的風景是瑰麗的，直到幾年後。

朋友說他費盡千辛萬苦，才考上現在的工作，原以為迎接他的會是風光旖旎，沒想到映入眼簾的卻是一片荒蕪。庸俗的人際關係、病態的官僚體制、本末倒置的行政雜事……和他原先想像完全不同，令人大失所望。

而我，能體會他的感受。大學時為了生存，我先後做了好多份工作：家教、駐唱、模特、飲料店和女僕咖啡廳。每一份工作都滿懷期待踏入，每一份工作都落寞而歸，到最後我幾乎可以預期：「喔，嗯，不意外，這就是工作。」

這就是工作，原本懷抱熱情的，被一些鳥人鳥事，逐漸折煞火花，卻又為了生存，不得不將就。於是才週一就在等週五，才上班就在等下班，才開工便在等長假到來，鎮日渾渾噩噩、行屍走肉。

這份感覺，即使是在做了自己最愛的特教工作，也無可避免的，再度發生。

狼狽的捱過那些雨季後，人們說，我很幸運，總是知道自己想要什麼；可人們不知道的是，這份篤定，也是我用好多磕磕絆絆換來的。多少次的跌跌撞撞，每一次都如鯁在喉，無時無刻幽幽擾擾的戳刺著自己——我真的適合站在這裡嗎？

可我也漸漸發現，當我不再去聽外在否定的聲音，只專注於自己腳下的步伐，原本的荒煙蔓草，最後都會走出柳暗花明。就像孩子如果用力去愛，便會有所回饋；生命如果用力去活，便會有所呼應一般。

十七歲時的我義無反顧，二十二歲的我毅然決然，甚至直到現在都仍或淺或深的與世界為敵。然而我一點也不後悔，因為心底最真實的呼求，往往是在最踽踽獨行的時刻，才會彰顯出來。

雖然一路踉蹌，但如晦風雨會更把我們洗滌成清朗的姿態。我們會更朝自己想成為的模樣奔赴。

原來世界這麼大

這本書一共分為三個章節，包含來自原生家庭、障礙特質與人際關係等課題。每個章節的每個孩子，都帶著不同的生命課題來到我的面前，顛覆我對世界原本的想像。

以前覺得「在乎外表勝於內在」的人很缺德，後來念了特教，明白了有人天生就是視覺敏感。

以前覺得「不敢玩雲霄飛車」的人很做作，後來念了特教，明白了有人天生就是前庭覺敏感。

以前覺得「東挑西揀、適應力低」的人很公主病，後來念了特教，明白了有人天生就是神經功能失調。

以前覺得「想法負面、情緒控制能力差」的人很令人生厭，後來念了特教，明白了有人天生就是血清素過低、杏仁核過度發達。

以前覺得「同理心低落、不懂得自我檢討、雙重標準」的人很屁孩，後來念了特教，明白了有人天生就是鏡像神經元受損。

以前覺得「沒有話題內涵、乏善可陳」的人是因為不夠努力充實自己，後來念了特教，明白了有人天生就是智能不足。

以前覺得「無法專心致志」的人很令人煩躁，後來念了特教，明白了有人天生就是前額葉多巴胺分泌不足。

以前覺得「忘東忘西」的人很散漫，後來念了特教，明白了有人天生就是海馬迴功能低落。

原以為人的個性是取決於心理，但現在明白有更多部分是取決於生理時，執念與怒氣似乎也就鬆綁了。

「啊，原來世界這麼大，而我所認知的是這麼渺小呀！」又是小時候心靈被拓展的那份觸動。

比起很多教材教法，我想特殊孩子最需要的其實是「愛」。

希望這本書在陪伴各位讀者的同時，不只提供與特殊孩子的相處之道，也能讓人們的胸襟變得輕盈，世界變得遼闊，足以容納每個不同生命背後的故事。

心若乘載不了過於踏實的幸福，滿溢出來，便會成為淚水吧。

前言——

普通小孩

「我是國小特教老師。」每當我這麼向他人介紹自己時，對方不意外都會回：「噢，特教班老師噢！那要很有愛心欸！」

而我總是微微一笑，開始解釋道：「特教老師有分特教班以及資源班，而我是資源班的特教老師。」

「是喔，兩個有什麼差別？」對方歪著頭，疑惑的問。

「特教班的孩子是比較中重度障礙的，而資源班孩子則是比較輕度障礙的，外表看不出來，但其實內在有特殊需求。此外，特教班的孩子一整天都待在同一間教室，而我的孩子則是平常在普通班，只有早自習、午休或國語數學課才會來我的教室上課。」

因為學習、交友、情緒等種種困難，特殊孩子在普通班上有時會格格不入，甚至發生被霸凌的狀況，這時特教老師便能帶「融合課程」，協助特殊孩子「融入」普通班。

融合課程有很多形式，可以是全校朝會時的演說；可以是特殊孩子和班上幾個普通小孩到我的「資源班」教室上課，希望這幾個普通小孩能在班上對這位特殊孩子友善一些；也可以是特教老師我到「普通班」上課，帶全班一起認識特殊孩子等。

四種障礙特質

資源班的孩子，約莫分成四種類型：智能障礙、學習障礙、自閉症、情緒行為障礙，統稱心智障礙。「心智障礙」，你可以把它想成是「大腦的發展障礙」，既然是大腦的障礙，那勢必是從外表看不出來，而只能透過相處互動來發現了。

智能障礙的孩子，普遍學習任何事物都緩慢。

學習障礙的孩子，因為視覺神經失調，看到的字可能會左右相反、上下顛倒、部件散落、嚴重扭曲；因為聽覺神經失調，聽到的語言可能會聲調不分，例如：水餃聽成睡覺、作者聽成坐著、甦醒聽成日文的壽司、調整聽成跳針等。

自閉症的孩子，因為五感失調（該敏感時頓感，該頓感時卻敏感），造成生活上的不便，例如：視覺敏感，一點凌亂可能都會覺得極其礙眼；聽覺敏感，一點聲響可能都會覺得極其刺耳。因為社會技巧能力弱，可能會有與他人共享注意的困難，或解讀肢體表情的困難。因為固著，可能在一般人認為枝微末節的地方有異常高度的堅持。而我們常聽見的「亞斯伯格症」，現在也已經被除名，改納入自閉症的光譜中，你可以把它想成是「語言能力較佳的自閉症」。

情緒行為障礙的孩子，又可分為精神性（思覺失調）、情感性（憂鬱症）、焦慮性（選擇性緘默症和妥瑞症）、其他（注意力缺陷過動症和對立反抗疾患）。思覺失調，可能會有幻視、幻聽、被害妄想；憂鬱症，可能會有超過六個月以上想尋死的念頭；選擇性緘默症，可能在特定情境下發不出聲音、說不出話；妥瑞症，可能會有頻眨眼睛、抽動脖子等無法控制的行為；注意力缺陷過動症，可能會無法控制的分心、打岔；對立反抗疾患，可能會無法控制的挑戰權威……

智能障礙和學習障礙的孩子，會在國語數學課時來我的教室上課；而自閉症和情緒行為障礙的孩子，則會在早自習、午休時來我的教室學習社會技巧、專注力訓練。

然而那麼多專有名詞，如果是全程用講述的方式授課，即使是普通小孩也會精神不濟，效果大打折扣，因此在融合課程中，我會帶入解謎遊戲、體驗活動等，維持他們的學習動機。

在一系列的課程、確定普通小孩認識特殊教育後，我還會再帶他們了解「立足式平等」。

融合課程的溫暖美好

因為融合課程，我接觸到了許多普通小孩，他們下課時偶爾也會跑來找我聊天。

印象最深刻的是一個普通小孩拿了一張他的畫作給我看。

「就跟老師你說的一樣，每個人都有短處和長處，你看我雖然數學很爛，但是畫畫很好！」接過他的車子作品，我好驚豔，乍看之下甚至會以為那是印好的、他只是上色而已。

我欣慰他把我的話聽進去，他也把那張圖送給我，還問我什麼時候再去他們班上課？

又有一次，他突發奇想的跑來問我：「羊羊老師教資源班，久了會不會變得跟他們一樣笨？」

我知道他沒有惡意，所以只是莞爾一笑，反問：「那我問你喔，你覺得如果我們去日本，我能跟日本人溝通，但你不能，那是我厲害還是你厲害？」

「當然是老師你厲害呀。」他回答。

「那我能跟資源班孩子溝通，但別人不能，那是我厲害還是別人厲害？」

他想了想，露出服氣的笑容。

「所以能夠教資源班孩子、能夠跟資源班孩子溝通的老師，不會變笨，反而會一直保持很厲害噢！」我笑盈盈的道。

「沒有人是十全十美的，我們家也沒有很有錢。」

「我也想體會特殊生的生活，也想幫助他們。」

「今天的綜合課很特別，很期待羊羊老師下次來會再講什麼故事。」

「我學到了每個人都是獨一無二的，不需要和別人比較。」

「特殊的人需要特殊的課程，才能激發潛力。」

「也許家人是因為相信我做得到，所以才對我比較嚴格。」

「原來學習障礙有這麼多種。」

「我以前都不知道他們原來是那麼的難過。」

「我終於知道學習障礙的不方便，以後我會多多幫助他們。」

「在人們心中可能覺得非常好笑，但他們其實非常辛苦。」

「原來自閉症孩子過得這麼辛苦，我以後不會取笑他們。」

「不只話語能夠傳達意思，也可以透過肢體表情。」

「原來有這麼多種情緒行為障礙，有精神性、情感性、焦慮性……我以後也要幫助他們，因為他們很辛苦。」

「如果我是身心障礙者，我可能也會討厭自己。」

以上都節錄自我去普通班上課後，普通小孩寫的日記回饋。

因為融合課程而結識的緣分，溫暖而美好。

記得很久以前有前輩告訴我：「資源班不該自成一格，而是應該走出去與普通班接軌，才更能幫助特殊孩子回歸主流。」

曾帶過很成功的融合課，得到如上述那樣熱烈的回饋；也曾帶過不那麼成功的融合課，學生反應平淡、共鳴微弱。

不過我想，每次的相遇我都力所能及的耕耘，也許將來某天，小小種子也會開出片片花海吧。

體制內的學習模式，過分框架在成績名次，太令人窒息。

我始終深信，特殊孩子的內在，一定蘊藏著無法以數字量化、更深邃的美好事物，等著我們去挖掘。

身為教育者的我們，還能為孩子做些什麼，讓他們活出自己的顏色呢？

Line@ 密室逃脫手遊《愛の魔法》

融合教育演講

輯一

原生家庭的苦

01 雲朵男孩等待媽媽的愛

雲朵男孩，平時輕輕柔柔、文質彬彬，然而一旦變成烏雲，便會下起狂風暴雨。

而「母親」這個詞，便是促使雲朵男孩變成烏雲的關鍵。

母親節週的學校，無論任何課都在寫卡片，午餐時間也不斷循環播放相關音樂。

但在這幸福洋溢的氛圍中，雲朵男孩的問題行為次數卻節節攀升，幾乎每天都有新的狀況，有時是破壞同學的文具、有時是在課堂上與科任老師嗆聲……

多方詢問事情的來龍去脈後，才發現會引起雲朵男孩激烈情緒反應的課題，永遠都是「母親」：同學嘲笑他沒有媽媽、科任老師堅持要他寫卡片。雲朵男孩於是勃然大怒做出反擊。

雲朵男孩的主要照顧者是奶奶和姑姑，他們說雲朵男孩的母親在幾年前離開了，因為他有自己的課題。雲朵男孩的憤怒與傷心綿延至今，但有更多的是對自己的質疑：「是不是我不好，所以媽媽才不要我的？」

我才明白，原來學校的母親節活動，對於沒有母親在身邊的孩子而言，是多麼折騰。

富足的愛心樹

我決定帶雲朵男孩讀繪本《愛心樹》，故事內容大致是說：「有個男孩和樹很要好，每天都玩在一起。

但隨著男孩漸漸長大，他和樹相處的時間愈來愈少，每次幾乎都是因為有需要才會回到樹的身邊，向它索取它的蘋果、樹枝、樹幹等，索取完後便又離開了。

樹好寂寞，直到有天，男孩老得再也走不動了，才又回到樹的身邊，與它相伴至永遠。」

「雖然男孩一次又一次的離開了樹，但你們覺得，男孩過得好不好？」我問。

「不好！」孩子們答。

「為什麼不好？」

「因為他又老又禿又駝背。」一個孩子說完，全部的人笑了，雲朵男孩卻露出若有所思的表情。

「所以選擇離開的人，不見得過得好。」我續道，「而且你們看，樹是富足的，才能不斷給予；男孩是匱乏的，才一直需要別人給他東西。」

我瞥了一眼雲朵男孩，「那你們覺得，男孩到底愛不愛樹呢？」

「不愛，他只有在有求於樹時，才會回來找樹。」大部分的孩子回答，「真希望樹不要再對男孩有所期待了，不要再等他了。」

「可是他最後沒有想要任何東西了，還是回來找樹欸？」我問，孩子們頓時陷入沉思。

我笑了笑：「沒關係，這個問題沒有標準答案，也許過一陣子，你們的想法會再改變也有可能。」

媽媽不是不愛我

閱讀與藝術，都適合用來撫慰人心：透過閱讀，我們產生「普同感」——普遍大家都有同樣的感覺，因而感到自己不是隻身一人；透過藝術，我們得以將內在的負向能量釋放。

我接著收拾繪本，帶著孩子們製作愛心樹。

我們用各種顏色的紙剪成樹葉的形狀，並在葉子上寫下周遭人們所給予的愛：粉色代表來自老師、橙色代表來自家人、藍色代表來自朋友……而為了配合母親節，來自母親的愛，獨立出來用綠色的葉子表示。

雲朵男孩淡淡的說：「我恨媽媽。」並將綠色的紙撕碎了。我鼓勵孩子適度宣洩情緒，所以我允許孩子撕毀象徵母親的綠色樹葉。

我告訴孩子們，雖然沒有媽媽的愛、沒有綠色的葉子，但我們仍然有別人給的愛、有其它顏色的葉子，我們的樹依然可以綻放出漂亮的色彩。

雲朵男孩釋放完情緒之後，開始貼上其它顏色的葉子，完成後，他看著自己的作品，微微一笑。

離開教室前，雲朵男孩說了一段他從未說過的話，而那段話，至今我仍言猶在耳：「男孩不是因為討厭愛心樹才離開的，而是因為當時他有更重要的事。當那些事對他不再重要時，他就回來了。所以或許媽媽離開我，也不是因為不愛我了，而是因為現在的他，有自己的事要面對吧。」

說完之後他酷酷的聳聳肩，向我道別並離開教室，留我遙望他漸遠的背影。

人心其實像容器，千瘡百孔時只能一味索取；唯有愛滿溢出時，才有能力給予。如果雲朵男孩的眼光，已能從不被愛切換到注意到別人的苦衷，是否也意味著他正在朝痊癒之路邁進了呢？

愛不會消失

兩年後，雲朵男孩的母親不僅沒有回來，他深愛的奶奶竟也離世了，姑姑說，雲朵男孩不斷哭著說要找奶奶。

那天帶雲朵男孩來學校時，姑姑全身冰冷的打顫著，欲言又止，最後抱住了我，我才想到：「對啊，也是啊，雲朵男孩的奶奶，也是姑姑的媽媽，所以姑姑才會如此泫然欲泣了。」

我邀請雲朵姑姑一同前往我的教室，那陣子可能寒流來襲，有幾個孩子的爺爺和奶奶不約而同離世，我正打算為孩子們上一堂生命教育課程。

我們先讀了繪本《雲上的阿里》，這本繪本內容大約是在說：「羊媽媽失去了羊小孩，從此一蹶不振，而羊小孩在變成天使去天堂之前，千方百計想要回到媽媽身邊鼓勵媽媽。

他想要告訴媽媽，即使自己離開了，也希望媽媽能好好活下去。」

「為什麼羊小孩會突然離開世界呢……」不忍悲傷結局的孩子們，像是在投射自己心境般嘆道。

「羊小孩去了哪裡？」過世了，靈魂在雲上等待過河，準備前往下一段旅程。

「很多羊也在排隊等著過河，過河後會有什麼變化？」身上的物品會消失，成為天使。

我詢問了幾個問題，確定所有人都有讀懂，便開始引導大家沉澱並表達自己的想法與情緒。

印象最深刻的，是有個孩子說：「有時候我也會覺得，我過世的奶奶還在。」讓我愣了半晌，因為我想起前些天，這個孩子的媽媽才跟我說，孩子有時會自言自語說窗戶上、鏡子上映照出奶奶的臉龐。

我摸了摸他的頭，輕聲道：「他們一直都在啊，在你的心裡，所以有時候你會突然想起他們。但那也沒關係呀，你可以帶著這份想念繼續生活下去，像最後的羊媽媽一樣。」

見時機逐漸成熟，我分享了我的摺紙星星，上面寫著我對我所愛的人的「道歉」、「道謝」、「道愛」與「道別」，並邀請孩子們一同來摺紙星星。

如同哀傷治療的書上說道，人們需要有「儀式」，才能完整告別，才能繼續往前。

我告訴孩子們，如果你愛的人已經離開了，可以寫在星星裡，他們會收到的；而如果你愛的人還在，也記得要對他們表達出來，不然可能哪一天就來不及了。

因為我們從來不曉得無常和明日，哪個先到，所以把握當下，勇敢訴說吧。

「老師，但為什麼渡河後身上所有東西都會消失，羊小孩身上的毛衣卻沒有消失呢？」課堂的最後，突然，有孩子提出了關鍵問題。

「是啊，你們覺得是為什麼呢？」我反問，而不先給予解答。

全班陷入沉寂。

「因為那件毛衣是活著的人的愛，而愛是不會消失的。」雲朵男孩靜悄悄的回答，而我再次被他深邃的答案驚豔。

「沒錯，只有愛能夠穿越時空、超越死亡，永遠存在。」我說，同時發現雲朵姑姑在輕拭眼淚。

下課後，孩子們紛紛離開教室，只剩雲朵姑姑。他走近我身邊，握著我的手，嘴裡不斷的說著謝謝，說我帶的繪本和美勞，療癒了他的心。

而他的手，也已經比剛進教室時回溫了許多。

「雖然形體上離開了，愛卻能超越生離死別，用不同的形式延續下去。」雲朵姑姑淡淡道。我萬萬沒有想到，原本是為孩子設計的課程，竟然也幫助到了大人。

所以我想，生命總是這樣的吧，即使高峰低谷、千迴百折，也總會在令人意想不到之處，帶來朽木生花。

羊羊老師の悄悄話・・・

「失落」是每個人必經的課題，但我始終相信，每場緣分都不會徒勞，每段相遇都有意義。儘管沒有走到最後，我們仍會帶著彼此的愛，走進各自往後的人生。

我們會在愛裡受傷，卻也會在愛裡痊癒。

我也經歷過狗狗家人的離世，因此我治癒他人的方式，也正是當時用來治癒自己的方式，所以當聽到人們說，因為有我的引導，身上的負擔輕簡些了，我心底不禁湧出無限溫柔——

原來在時光荏苒後，眼淚都有了意義，遺憾都成了收穫，那些看似晦暗的道路，也都走向光明的未來。熱淚盈眶的同時，我幡然明白——原來那些曾經過不去的坎，都一一堆疊出通往幸福的階梯。

那些失去的，也終將以另一種形式歸來。

各式主題繪本整理

藝術輔療教案

02

口香糖女孩
在失序世界裡證明自己

其實早有耳聞口香糖女孩偷竊成癮，舉凡母親房間裡的錢、同學鉛筆盒裡的文具，甚至音樂老師的鈴鼓，他都偷。奇怪的是，每當被抓到時，他偷的那些東西絲毫都沒有被使用過的痕跡，他也都會毫無怨言的物歸原主。

我有一個妥瑞特質的孩子，他的症狀是嘴巴會突然不受控制的用力張開再咬合。每次聽到他咬合後牙齒的撞擊聲，以及他因為疼痛而皺成一團的表情，都覺得心疼不已。「老師，我又發作了！」

「我有口香糖，你要嗎？」為了緩衝妥瑞孩子咬合的力道，希望能減少牙齒撞擊所帶來的疼痛，我決定準備口香糖給他。

還記得第一次拿出口香糖給他時，他瞪大著雙眼說：「要！老師你怎麼有？」他又驚又喜的高呼：「醫生也跟媽媽說可以給我咬口香糖！」

我笑盈盈的回：「我猜你咬口香糖會比較不痛，所以有幫你準備啊。」

「哇！老師你怎麼會幫我準備？」

「啊？」我一時反應不過來，覺得這不是理所當然嗎？「因為我愛你啊！所以當然會幫你準備啊！」結果他也是一愣，應該是我解讀錯他這個問句的意思了。

「哇嗚──老師！」真是無心插柳柳橙汁的撩到孩子了，哈！

然而好景不常，一天，我發現我的口香糖，竟被口香糖女孩偷走了。

尋人啟事的溫柔

習慣偷竊但又會物歸原主，顯然不是因為有需要才偷那些東西的。

「那為什麼要偷呢？」我不禁納悶的想，但畢竟他不是我的個管，只是我協同教學時，有短暫教過幾堂課的學生，因此我也沒有涉入太多，只是將這份好奇擱在心底。

某天下課，口香糖女孩突然來找我聊了好久的天，結果上課鐘聲一響，他一離開，我馬上發現，我放在鐵櫃裡為妥瑞孩子準備的一整包口香糖不翼而飛了，心底複雜的情緒頓時油然而生——

有傷心，因為妥瑞孩子慣性嘴巴張開咬合，若沒有嚼口香糖緩衝，牙齒會撞擊得很痛；也有心寒，因為覺得自己對口香糖女孩很好，他卻做出對我不好的事。

我決定製作一份尋人啟事，貼在門上，並對每節上下課有來找我的孩子進行宣導。

幾天後，終於輪到口香糖女孩來找我了，「羊羊老師，那是什麼？」眼尖的他指著門上的尋人啟事問。

「喔，那個啊。」我起身走到門口，他也捱到一旁，我指著尋人啟事上的一字一句，清楚且緩慢的唸道：

「親愛的小偷先生或小姐，最近我的一整包口香糖不見了，我覺得很傷心。

資源班有個小朋友有『妥瑞症』，嘴巴常常開合得很痛，需要咬口香糖才能舒服一點。

那包口香糖是我特地為他準備的，結果現在被你拿走了，讓那個小朋友的牙齒甚至受傷了。

如果你真的想吃零食，請來和我討論，不要直接拿走，好嗎？」

唸完後，我轉過頭，望進口香糖女孩的雙眼。

「老師最近有一包口香糖不見了，我覺得很傷心，因為這會讓那位妥瑞小朋友的嘴巴很不舒服。」我幽幽的說，「還記得我之前跟你們介紹過的妥瑞症嗎？」

口香糖女孩嚴肅的點點頭，片刻，他輕聲開口道：「老師，口香糖是我拿的，我明天還你。」然後便一溜煙衝出教室，身影消失在走廊盡頭的轉角處。

當內心破了個大洞

隔天，他還真的把一整包口香糖原封不動的拿來還我了。

我接過口香糖，問道：「比起這個，我更想知道你為什麼要拿走？」

口香糖女孩沒有回答，我接續問：「是因為你想吃零食嗎？」他搖搖頭。

我回想起他每次偷東西時，幾乎都會被有意無意的識破，於是突然靈機一動，大膽推測：「還是……你拿走是因為想證明自己做得到？」

口香糖女孩睜大雙眼，彷彿壓根兒沒有想到有人會提出這樣的問題，他思忖了一會兒，搖了搖頭，又點了點頭，自己都有些混亂，回答不出個所以然。

我在心中嘆了口氣。

口香糖女孩來自功能失衡的家庭，父親外遇，母親酗酒並三天兩頭帶著他和兩個弟弟在公園過夜，偶爾也會施暴他們。

有次母親節，我帶孩子們摺紙，摺好後我對口香糖女孩說：「可以送給媽媽。」

口香糖女孩想也不想，便直接將摺紙遞給我，淡淡的說：「你是我資源班的媽媽，我在家沒有媽媽。」

還有一次，他在敘述爸媽如何要他照顧兩個弟弟時，明明說的是難過的事，神情和語氣卻像是在打哈哈，還開玩笑的捧著心口大喊：「喔嗚──我的心，破了個大洞──」

所以我猜，是這樣的吧，口香糖女孩的世界是失序的，而在這個失序的世界中，偷東西成了他唯一能證明自己價值的方式。

這是他唯一能夠掌握的事情了。

為孩子賦能

「喏，」我遞出抹布給口香糖女孩，「幫資源班擦桌子。」

口香糖女孩沒有拒絕，只是愣愣的接過抹布：「為什麼？」

「因為我注意到你很會做家事，如果有你的協助，資源班一定會變得煥然一新。」

他聽完，有點雀躍的開始擦起桌子，隨後還幫忙擦了窗戶、掃了地、把書本擺放整齊。

下一節上課的孩子們來了，我故意在口香糖女孩面前問他們：「你們看，今天的資源班是不是特別乾淨整齊？這全是口香糖姐姐的功勞，你們去跟他說謝謝。」

孩子們環顧四周，眉開眼笑：「真的變乾淨整齊了欸，謝謝你，口香糖姐姐！」口香糖女孩的雙眼從不可置信，到閃爍出光芒。

突然，一個孩子不巧問起：「老師，你的口香糖找到了嗎？」

「找到了呀。」我神色自若的回，口香糖女孩卻略顯緊張的看著我。

「真的嗎？在哪裡找到的？」

「不知道欸，它就突然出現了，可能是哪個調皮的小精靈拿走又放回來了吧。」我聳聳肩。

孩子們煞有其事的點點頭，我不禁暗自感謝他們的純真，並和口香糖女孩相視而笑。

往後的日子，只要是二十分鐘的大下課時間，口香糖女孩一定準時來我的教室報到，替資源班打掃環境。

而我也一定會在眾人面前誇獎他，再請每個孩子向他說謝謝。

我想讓口香糖女孩知道，他能掌握的事情絕對不只是偷東西，他的價值可以建立在他不但擅長、又能替他人付出的服務過程中。

漸漸的，口香糖女孩的偷竊行為消失了，而我也永遠會記得，每次孩子向口香糖女孩道謝時，他眼中的熠熠生輝。

羊羊老師の悄悄話・・・

當孩子發生問題行為時，我們要先思考它背後的原因。

根據心理學家阿德勒（Alfred Adler）的理論，孩子不當行為背後的目的分成四種：獲得注意、尋求權力、展開報復及表現無能。

因為知曉口香糖女孩家庭的紛擾，能夠想像他內在的紊亂，我才得以推測出他應該是想「尋求權力」，想獲得對生活的控制感及安全感。

而我使用的策略是「賦能」，藉由讓孩子做自己擅長的事，並得到正向回饋，協助他在利他的過程中也發展出我能感與價值感。

偷竊和服務同樣都帶給口香糖女孩掌握感，但在我提供「服務」這個選項以前，他從來沒有想過原來還有「偷竊」之外的可能。

孩子的目標沒有錯，不妥的只是行為，相信只要溫柔的引導，孩子也能用適當的方式，完成自己的小小願望吧。

03 金魚男孩
天真與成熟同時存在

一直以來我和小孩都有個默契：如果頻頻分心，我們稱為「當機」；如果反應遲鈍，我們稱為「還在開機」。

有次上課，我才一個沒注意，一個小孩就直接睡著了。睡著的孩子叫做金魚男孩，因為他的記憶力跟金魚一樣，只有七秒。

有次下課時，書櫃竄出一隻小蟲被孩子們發現。

「沒關係，牠沒有影響到我們，讓牠好好活著，可能等一下就走了。」我說完繼續忙我的。

但我才一別過視線，就聽到「碰」一聲，然後是金魚男孩的笑聲，以及其他小孩大叫：「ㄏㄡˊ──老師說要讓牠好好活著，你死定了！老師，金魚把蟲蟲打爆了！」

「真的假的?!」我連忙站起身走近，小蟲真的被壓扁了，金魚男孩則一臉做錯事又藏不住興奮的看著我。

「去拿衛生紙。」我的臉色沉了下來，低聲道。

他這才發覺事情好像大條了，火速抽了衛生紙把小蟲包起來，一邊走向垃圾桶一邊怯怯的問我：「要拜拜嗎？」

「當然要啊！」心想至少你還記得我平時一再提醒的，再小的動物死掉都要埋葬拜拜，才是敬重生命。

「喔……」金魚男孩一臉歉然，丟好小蟲後對著垃圾桶雙手合十，「對不起。」然後看向我。

「不是跟我，你又不是傷害我。是跟誰？」

「對不起蟲蟲。」

「為什麼對不起？」

「我不該殺了你。」

「下次還可以這樣嗎？」

「下次不可以這樣，要改進。」

我碎碎唸：「牠只是出來曬太陽散步，就被你殺死了，你想牠爸爸媽媽會有多傷心？」

其他小孩也在一旁幫腔：「這很嚴重欸，羊羊老師只有因為這種事會真的生氣罵小朋友，上次有小孩想砸鳥蛋老師就罵他。」

「對，這很嚴重。」我說，「因為那是一個生命，而且牠也沒有跑來傷害我們啊。」

「那如果牠跑來傷害我們呢？」

「那就警告三次、給牠三次機會，還是不聽再處理，而且過程也盡量不要讓牠痛苦。」

金魚男孩若有所思的點點頭。

你演我，我演你

因為金魚男孩的認知功能不佳，所以對他的教學，我都盡量「具體化」，「角色扮演法」便是其中一種。

有一陣子，實習生寧寧老師會練習上一些課，因此那天金魚男孩一進教室就問我：「老師，今天是誰上課？」

「今天是我喔！」我回答。

「蛤——」金魚男孩抱怨的拉長尾音。

「蛤什麼蛤，不然你來上？」我又好氣又好笑，心想你都不知道自己有多難帶。

看著金魚男孩仍嘻皮笑臉的，我決定用角色扮演法讓金魚男孩體會，他平常上課時的行為帶給老師多少困擾。

這是一個帶大家寫考卷的任務，一共有三幕，分別由小孩扮演老師，羊羊老師和小孩角色對調，包含金魚男孩、貓咪男孩與蒲公英女孩將輪番上場。首先登場的是金魚男孩，飾演金魚老師，我就坐在金魚男孩的位置上飾演他。

【角色介紹】

金魚男孩：個性天真爛漫，喜愛抱抱，喜愛變身，每天上課至少都會變身一種以上的角色。

貓咪男孩：個性鐵漢柔情，喜愛與他人稱兄道弟，也喜愛撩羊羊老師，座右銘為：「只要是接近羊羊老師的男生，都是我的敵人！」

蒲公英女孩：個性多愁善感，常因自己幻想的故事情節而突然哭泣。

【第一幕】

「同學們，先寫名字。」金魚老師有模有樣的說，「第一題……」

「老師，我要抱一個──」我衝到臺上，抱住金魚老師，「老師我愛你，親一個ㄇㄨㄚˊ──」

「好好好，抱一個，」金魚老師隨便敷衍的抱了一下我，「好了，你要回座位了，我要上課了。」

我回到座位，在金魚老師準備開口唸出第一個字以前，又插嘴道：「哈──吃門牙──媽媽咪吉娃娃！老師，我是刀疤，ROAR──你們都是我的土狼手下，ROAR──」

「喂你！安靜！不要搶我的臺詞！我要唸題目！」被打斷的金魚老師有點生氣的指著我，我一把抓住他的手磕頭。

「老師對不起對不起對不起，你願意原諒我嗎，愛你呦啾咪——」

「好啦好啦！原諒你啦！」金魚老師連忙把手抽回。

就在他好不容易唸完第一題後，我突然站起來甩考卷，「老師，答案是幾？在哪裡？這邊嗎？老師！老師！老師！」

「喂你！坐下！」金魚老師又指著我，我又準備抓住他的手磕頭，但這次他有前車之鑑沒讓我抓到，一把搶回我的考卷攤開指著：「這裡！快寫！」

「喔，好吧……」我裝作委屈巴巴又可憐兮兮的慢吞吞坐下，才剛碰到椅子、金魚老師才要鬆了口氣的瞬間，我馬上又原地彈起，大叫道：「衝三大，衝三小，我只想愈跳愈瘋、愈跳愈高、把地球甩掉！嘻哈！」

「喂你！在幹嘛！」金魚老師吼。

「老師，我是五月天的徒弟，你是我的粉絲啊！我是偶像！」我做出他平時會做的飛吻動作，「ㄇㄨㄚˋ——要想我喔！我愛你們！」

此時其他人早已笑得人仰馬翻，金魚老師眼看拿我沒轍，炮火於是開向他們：「喂你們！不要笑！笑什麼笑！寫考卷！」

但他們還是笑到停不下來，我於是乘勝追擊，站起來開始滿場跑，邊跑邊歡呼：「老師，我是黑豹！老師，我要打拳擊！老師，我要玩平板！老師！老師！老師！老師！嘻哈！」

金魚老師直接累趴在桌上，直喊卡才結束第一幕鬧劇。

【第二幕】

換貓咪老師上場。

貓咪老師唸完一題，我突然牽起他的手，深情款款的問他：「老師，你去救生員訓練班，有沒有教練要追你？」

「呃……」貓咪老師不好意思的笑了笑，因為這真的是平常他會問的問題。

「No!——怎麼可以有教練要追老師呢！接近你的男人全部都是我的敵人啦！」我憤慨的拍桌站起身大叫：「小心我拿炸彈炸他們家，拖出來打啦！釘孤支 RRR ！」

貓咪老師正打算阻止我暴走，但為時已晚，只見我已經離開座位去和金魚男孩勾肩搭背，「我們不能讓敵人搶走老師，對不對？兄弟！幹架啊！兄弟！」

貓咪老師把我牽回座位，我坐下時仍握著他的手，吹了口氣，擠眉弄眼道：「老師——我．在．呼．你！」

憋了好久的貓咪老師，此時終於忍不住笑到崩潰，直說不行了不行了，要換回來了。

【第三幕】

換我演蒲公英女孩，但他太害羞不敢演老師，所以金魚男孩再演一次老師，貓咪則演金魚，蒲公英演貓咪。

金魚老師唸題目唸到一半，我開始啜泣著抹眼淚，用哽咽的聲音道：「老師，上次的零食，我沒有吃到，嗚嗚嗚……」

「你有吃到啊！」金魚老師驚慌失措的安撫。

「沒有、沒有、沒有——」我戲精上身，演出換不過氣的聲音，大幅度的左右搖頭，頭髮變成一波波黑色波浪，「我沒有吃到那個零食！沒有吃到！」開始起歡（臺語）。

金魚老師又打算放棄我了，這時蒲公英女孩突然抓住金魚老師的手，說：「老師，我愛你——你好美膩！」

金魚老師正打算抽回手，貓咪男孩則突然拍桌跳起來，大聲發號施令：「你們都給我去採集食物！兄弟們！咱們飛——」然後把外套當披風滿場跑，變身《蟲蟲危機》裡的蝗蟲。

此時整間教室早已亂哄哄（幸好隔壁沒課），金魚老師仍試圖力挽狂瀾（超盡責的啦）：「喂你！不要哭！你！不要撩妹！你！回座位！」

但我們怎麼可能理他呢，就連寧寧老師也來添亂，坐到金魚男孩的座位開始模仿他：「我是偶像，我們來自拍！」說著比出自拍相機手勢，「來——笑一個——ㄇㄨㄚˋ！」

「閉嘴！閉嘴！閉嘴！你們通通都給我閉嘴！」金魚老師氣到跳腳。

「ㄏㄡˊ——羊羊老師平常哪有這樣，你都亂演，ㄏㄡˊ——」我們開始起鬨，用群眾壓力攻擊金魚老師。

於是乎，金魚老師又累趴在桌上了。

「我快崩潰了！」他哀嚎。

「這下你知道平常要乖，羊羊老師才不會太累了吧！」我邊笑邊走回臺前。

體會過當老師的辛苦，金魚男孩那堂課的後半都乖乖寫考卷，沒有再造次了。

雖然小孩每天都有新招，但我們就是要見招拆招！

永不放棄的求生意志

這樣天真爛漫的金魚男孩，雖然認知能力有限，卻也有成熟的一面。

因為家庭因素，金魚男孩和哥哥都是叔叔在照顧，但有一陣子叔叔因為酒駕被關，照顧更為嚴重、身心障礙哥哥的重擔，便落到了金魚男孩的肩上。

那陣子金魚男孩每天掉淚，後來竟然因為壓力過大，離家出走了。連續幾天沒來上課，學校老師們都急壞了，所幸最後聽住在同社區的同學轉述，循線才找到了金魚男孩的下落。

「好多人勸我回家，但我不想。」他淡淡的道，「羊羊老師也覺得我應該要回家嗎？」

我嘆了口氣，說：「我不覺得照顧哥哥是你的責任，你也還只是小朋友而已。你有自己的人生要過，已經夠辛苦了。」他聽著泛紅了眼眶。

「你應該很餓吧，我帶你去吃飯？」看他全身髒兮兮的模樣，我猜這幾天他應該都露宿街頭吧。

「不用啦。」

「要啦，吃完再去便利商店幫你買存糧。」

「不用啦，我不餓。」他搖著手，我突然覺得明明才幾天不見，金魚男孩卻好像瞬間長大了許多。

「要，」我堅定的說，「你都幾天沒吃了，怎麼可能不餓。而且你太瘦了。」

被我催促到了便利商店，他站在麵包區前。

「選多一點。」我說，「然後再選個便當，現在吃。」

他忸怩著，卻沒有像剛才一樣開口拒絕。

終於結完帳、端著餐點坐下後，他開始狼吞虎嚥。

「果然很餓吧，還說不餓。」我睨了他一眼。

他不好意思的笑了笑。

「我沒有吃飯的話，會被羊羊老師罵耶。」他說，語氣中有著藏不住的雀躍，「其實我差點就放棄了。」

我摸摸他的頭：「現在呢？」

「又有力氣了。」他微微的哽咽著。我猜他指的不是吃飽，而是求生意志。

看著他從一開始的推辭，到現在的津津有味，我不禁思考了起來：

「我不可能幫得了所有的學生。」

但轉念又想：「海水退潮時刻，成千上萬隻海星被遺留在沙灘上，脫離海水的海星因為窒息而痛苦的扭動身體，但海水卻愈退愈遠。

少年彎腰將海星撿起，一一擲回海中。一旁的中年男子撞見，淡淡的道：『這麼做有什麼意義呢？你又不可能救得了全部的海星。』

但面對一望無際的海星沙灘，少年卻微笑道：『我知道，可這對一隻海星來說，意義就完全不同了。』」

看著眼前因為家庭因素而被迫長大的金魚男孩，我想，雖然我能做的這麼有限，但也許對金魚男孩而言，一切都已經開始不同於以往了。

羊羊老師の悄悄話・・・

一直以來，「是否適合對方」都是我決定如何行動的重要考量之一。

因此於工作，我不會「逼迫」學生要喜歡我的課，因為如果他拒絕我的課，我只會歸因是我課程設計得不好、不適合他，所以我會做的，是讓自己的教學變得更好。

於感情，我也不會出現任何「吃醋」或「爭寵」等舉動，原因一樣：如果對方拒絕我，我只會歸因是我不好、不適合他，所以我會做的，也是讓自己變得更好。

金魚男孩三番兩次拒絕我，照我覺得正確的作法，應該是換方法，或是停止提供幫助。

但我卻強硬的將「我覺得你會餓」的想法加諸於他身上，甚至半強迫他吃東西，根本完全不符合教育哲學家皮特思（R.S.Peters）所說的「合乎自願性」。

然而想來奇妙，這次我用「自己認為不好」的價值觀活，卻意外有了美好的結局。

或許是世界太大，例外太多，所以我們才會不斷與精采和遺憾，同生共存吧。

04 沉默男孩
努力靠近的兩顆心

沉默男孩是個情感內斂的孩子，很少笑、很少哭，也很寡言，因此每每只要流露一點孩子的特質，我都覺得彌足珍貴。

有一次，沉默男孩跑來告訴我：「班上要上臺說故事，可是我不會……」

雖然他表面上故做鎮定，但看得出來內心的忐忑，我於是問：「那我們把上次那個鸚鵡的笑話寫成稿子，讓你帶上臺唸如何？」沉默男孩點點頭，我便讓他坐在我的座位旁邊，我們一起看著電腦擬稿。

隔天，班導傳給我看沉默男孩上臺的影片，只見沉默男孩面無表情，肢體僵硬的捧著稿子照讀。

「從前從前，有隻鸚鵡要參加演講比賽，他於是四處飛翔，去學習人類的語言。

他先看到一場火災，有人喊『失火了、失火了』，他便學了起來。

他又飛飛飛、飛飛飛，看到一個喝醉酒的人，他在唱歌，他唱『我的前面有隻豬、有隻豬』，他又學起來。

他又飛飛飛、飛飛飛，看到有個爸爸搶了兒子的棒棒糖，兒子生氣的打了爸爸一巴掌，爸爸很痛的說『吼，你怎麼打你老爸』，他又學了起來。」

此時，全班笑聲四起，聞聲，沉默男孩也難得笑了出來，看起來放鬆不少。

「鸚鵡決定回家練習一下，他說『失火了、失火了』，主人很緊張的跑到他的前面說『在哪裡、在哪裡』。

鸚鵡就唱『我的前面有隻豬、有隻豬』，主人很生氣，打了鸚鵡一巴掌，鸚鵡就說『吼，你怎麼打你老爸』！」

此時，全班早已笑得人仰馬翻，沉默男孩也露出靦腆的表情下臺一鞠躬。

那天上課時，他神采飛揚的跑回來告訴我，笑話很成功，爸爸知道後也誇獎他好強。

我也很高興，一來是沉默男孩願意上臺說話，是很大的進步；二來是因為他難得可以被爸爸稱讚，我很是替他開心。

父子間的疏離感

原來沉默男孩的爸爸和沉默男孩一樣，很少笑、很少哭，也很寡言。這樣剛毅木訥的爸爸，很少讚美自己的兒子；而這樣情感內斂的兒子，也很少向爸爸撒嬌。

明明是兩個極其在乎彼此的人，關係卻顯得漠然，不禁讓人覺得有些惋惜。

跨年連假那週，沉默男孩每天都在碎碎唸：「爸爸要自己回家鄉跨年，都不帶我去。」

「你有跟爸爸說，你也想一起去嗎？」

「有啊，可是他說車票太貴。」

「噢……你一定很想去吧？」我順著他的話，試著替他說出心情。

令我出乎意料的，他竟然聳聳肩道：「也還好。」

我一愣，什麼意思？他想跟爸爸去，卻又沒有很想去？

「我知道了！你最想要的不是回家鄉，而是想跟爸爸在一起！」我的腦袋條的接通。

沉默男孩倒也坦誠的點點頭，那是因為他對我，沒有像對爸爸那樣的矜持。

「那請爸爸留下來陪你呢？」

「我說了，但他說不行。」沉默男孩垂下眼眸，「算了啦，他自己去就好了，反正他都不愛我啦！」

我沒有答腔，說實話，能做到這樣的他，已經算表達得很直率了。

一會兒後，他輕聲道：「老師，我不知道為什麼，有時候很想要的東西，我卻說不想要了。」

我想了想，歪頭問：「是不是因為想要卻得不到，會很難過，所以乾脆說自己不想要了，比較不會那麼難過？」

沉默男孩用力點頭。

「我懂你的感覺。」

靠太近反而看不清

我想起小時候，有一次表哥和表弟來我們家短暫寄住一陣子。那陣子爸爸把表哥和表弟照顧得無微不至，他們想要什麼都馬上買給他們，我和弟弟卻都只有捱罵的份。

有一天我終於忍無可忍，對爸爸大吼大叫道：「你都比較愛別人家的小孩，明明我和弟弟才是你親生的欸！」

爸爸頓時啞口無言，像是經我一說，才發現自己最近的作為，讓我和弟弟誤會了。爸爸似乎在思索該如何開口，最後他淡淡的說：「我怎麼可能比較愛別人家的小孩，你們才是我的孩子，我當然比較愛你們。」

雖然爸爸當下那句話有安慰到我，可真正領悟到他所說的是真的，卻是在很久以後，我已經長大、談了戀愛之後。

「關係近的，反而看不清了。」我一直記得當時的體悟，所以我能明白沉默男孩此時此刻，不被愛的感受。

那天稍晚，我傳了訊息給沉默爸爸。

「爸爸一個人回家鄉跨年，沒有您的陪伴，沉默男孩好孤單。」簡短的一句話，我心想至少要再把孩子的意思傳達一次，雖然爸爸已讀不回。

沒想到以為已成定局，卻因為這則短短的訊息，而有了翻轉。

連假結束後，沉默男孩來學校，興高采烈的告訴我：「爸爸後來決定留下來陪我跨年了！」

「真的？為什麼？」我驚訝的問。

「我也不知道！」他燦笑。

後來我問沉默爸爸，還真的是因為我告訴他孩子很傷心，他才決定留下來的。

欣慰的同時也不禁感慨：「為什麼小孩千方百計表達，大人卻總是感覺不到，非得換成一個外人轉述，才感受得到呢。而小孩也是，大人平常在乎你九十九次，才不小心忽略你一次，你就覺得他不愛你了。」

「果然是這樣的吧，關係近的，反而看不清了。」

隔天，我把部分LINE對話截圖印下來，護貝後送給沉默男孩，告訴他：「你看，爸爸雖然嘴巴上不會說，可是他其實很愛你，為了你留下來跨年。」

「如果以後爸爸又讓你覺得他不愛你了，記得把這個拿出來看一看，你就會想起來他還是很愛你的。這就是你的護身符。」

沉默男孩喜出望外，小心翼翼的將護身符收進鉛筆盒裡。

親愛的小孩，如果哪天你的人生充滿催狂魔，記得愛過你的人一定都曾用他們的方式，為你施展過無形的護法。這樣的護法即使肉眼看不見，卻會延展你整個往後餘生。

請你們相信，自己也一定擁有這份祝福前行。關係近的，更要看見，對吧？

疾疾，護法現身。

羊羊老師の悄悄話

資源班老師的使命之一，是「驛站」：拚盡全力滋長小孩，最後把小孩推回沒有我們的世界盛放。

在沉默男孩笑靨逐漸綻放的同時，我也想起，我好像從求學階段，就時常扮演著「驛站」的角色：朋友因為別人受傷轉而向我訴苦，卻在治癒後再度投身那段令他受傷的關係。以前的我會落寞，覺得對方在我這兒得到足夠能量後，卻是轉身去開展另一段旅程。可後來的我漸漸覺得，正是因為我曾深深掛心過他，他才能用往後那樣的姿態活著啊。

某一刻的時間軸上我們相遇，我的存在從此成為他爾後的護身符，以不同形式活在他的漫漫餘生中。明白到我與他的交會不是毫無意義，而是化成另一種樣貌傳承下去時，心底便會湧起無限溫柔。

轉念一想，或許我不是驛站，而是一個個困頓靈魂的靠岸。

因此現在的我，再也不細數誰的付出多一點，誰的回報又少了些。只希望那些悲傷能墜止於我，那些漂泊能有所安歇；只希望能成為他人的棲身之所，他人的燈火闌珊。

這麼一想的同時，那些等待種子萌芽的斑駁日子，彷彿也都頓時開出了片片絢爛的花海——謝謝你們讓我明白，原來我有能力，成為別人羽翼下的風。

05 紙鶴男孩 不陽剛又怎樣

紙鶴男孩是個陰柔的大男孩，喜歡美的事物、喜歡摺紙鶴、夢想當抖音網紅，與熱愛棒球的弟弟形成強烈對比，因此在保守的家庭中，他屬於比較不被疼愛的那一個，爸爸甚至常用打罵的方式，逼迫紙鶴男孩變得「陽剛」。

「老師，他剛剛搭我肩膀，叫我兄弟……」有一次，紙鶴男孩一臉委屈來找我告狀。

「不行嗎？我是在跟你當好朋友餒！」那個男孩不服氣的回。

「你很想要跟他當好朋友，可是每個人喜歡的好朋友方式不一樣呀。」我對後者說，「不然你也來跟我兄弟一下，喲，兄弟——」我邊說邊對他勾肩搭背，還搥他一下，「怎麼樣，兄弟，等等來單挑啊，兄弟──」

「老師，你這樣好奇怪噢，不要啦！」他大笑掙脫。

「比較喜歡跟羊羊老師抱抱還是當兄弟呀？」我也笑著問。

「抱抱。」他不好意思的搔搔頭。

「所以你比較喜歡抱抱，我就給你抱抱；有些小朋友比較喜歡摸頭，我就給他摸頭。每個人喜歡的不一樣，想跟別人當好朋友，要先問問對方喜歡什麼呀。」

後來他和紙鶴男孩討論出兩個人都接受的方式：握手。真是太好了。

可能是和我相處一陣子後，發現我的態度開明吧，紙鶴男孩漸漸對我敞開心房，告訴了我他的性傾向，也娓娓道來他在家中的苦。

隨時給自己力量

紙鶴男孩很喜歡我身上的刺青，因為他覺得它們很美，所以我也常藉由和他分享這些刺青背後的意義，來鼓勵遭遇難關的他。

例如鎖骨上的彩虹刺青：「雨下完了才有彩虹，就像有時候，傷心完了才有笑容。」

例如手臂上的星辰刺青：「無論是太陽的時候，或是月亮的時候，都要記得愛自己與愛世界。」

本以為紙鶴男孩聽得懵懵懂懂，直到偶然間聽到他對其他人轉述我的話，心底不禁湧起一股暖意。

「最近我當才藝表演的隊長，好緊張，好不想當。」他說，「可是我想起羊羊老師的彩虹刺青，就又覺得可以再努力一下了。」

「我本來很沮喪我今天表現不好，可是我想起羊羊老師的星辰刺青，就又覺得可以再次振作了。」

「羊羊老師，我有把你跟我說的話寫下來帶在身上，隨時給自己力量，像你的刺青一樣喔。」紙鶴男孩笑盈盈對我說。

紙鶴男孩本來比較畏縮悲觀，但我知道，他正在慢慢變得勇敢樂觀。

他對爸爸說：「你可以不要拿我跟弟弟比較嗎？我不喜歡被比較。羊羊老師也不會拿我跟弟弟比較啊。」

他對爸爸說：「我不要把玩具送弟弟，羊羊老師說這是我努力換到的，我自己的東西我可以自己決定。」

紙鶴男孩以前只會蹲著哭而已，但現在的他，儼然已經不是馬戲團裡的小象了。

化傷口為美麗印記

才覺得一切漸入佳境之際，一日，紙鶴男孩便反常的在大熱天穿著長袖外套走進我的教室。

「這麼熱，怎麼穿長袖？」我困惑的問，紙鶴男孩撩起袖子，手臂上竟然滿滿是他用美工刀自殘的痕跡！

我在內心驚叫了聲，他開始聲淚俱下的訴說家中的一切。

「爸爸說我很愛哭！」

「哭不好嗎，哭就只是在表達難過而已啊。」

「爸爸說我是撿回來的，不是親生的，還說我開不起玩笑！」

「可是這個玩笑又不好笑。」

我一次次的同理紙鶴男孩，終於，他慢慢平息下來，有些啜泣和哽咽的問：「羊羊老師，我想當女生是錯的嗎？我喜歡男生是錯的嗎？」

我望進他的雙眼，望進他的靈魂深處。

「當然不是，」我堅定的說，「你擁有絕對的權利，去成為你想成為的任何人；你也擁有全然的自由，去喜歡你想喜歡的任何人。」

紙鶴男孩這才破涕為笑，看著手臂上的傷口，自嘲道：「好醜喔，一定會留疤。」

我靈機一動，從包包裡拿出眼線筆，順著他傷口的形狀，畫出瑰麗的圖騰。

「最滂沱的大雨，才會誕生最美麗的彩虹；最坎坷的路途，才會誕生最美好的你。」我邊畫邊說，紙鶴男孩聽得一愣一愣。

「以後難過時就來找我們，別再傷害自己了。」隨後，我將紙鶴男孩的狀況告知輔導室，讓更多老師有機會一起關心他。

成為自己的太陽

為了讓紙鶴男孩知道，他喜歡的事物也很好，我決定和他一起摺紙鶴，送給在上下班途中等公車時，常常會遇到的一位老奶奶。

記得那位老奶奶第一次向我搭話，聽到我是特教老師後，主動嘰哩呱啦的向我分享他擅長的摺紙。那時離開前我說：「謝謝你跟我分享，很高興認識你。要抱一個嗎？」隨後張開雙臂。

他當場綻放燦爛的笑容，衝過來撞得我滿懷。我頓時想起，以前總覺得被人拉著滔滔不絕分享是件討厭的事，因為他們只不過是太寂寞了，沒人說話才找上我的。沒想到，現在的我竟然覺得，就算真的如此，又有什麼關係呢？我的存在能成為別人的慰藉、飄泊之心的安歇處，那麼即便是浮木，也滿好的呀。

感謝特教老師這個頭銜，讓我在一些人面前頓時沒了屏障，也錯落有致成了一些人的燈火闌珊。現在的我覺得，所有相知相惜，都是好緣。

向紙鶴男孩娓娓道來我和老奶奶的邂逅，我們同時將最後一隻紙鶴摺好，放進箱裡。

下班時，我捧著箱子到公車站，發現老奶奶今天不見蹤影，我才隱約想起，好像有一陣子沒看到他了……我索性走到他的店面碰碰運氣，結果是他女兒應的門，說老奶奶正在房裡熟睡。

「怎麼了嗎？」見他面色凝重，我不禁問道，老奶奶的女兒才說起近日往返醫院照顧母親的細節，從大雨滂沱導致原本就衰老的身軀更加窒礙難行，到明明肺部積水，院方卻急著轉院、退院，憔悴得連語氣都蒼白。

雖然那些千絲萬縷聽在他人耳裡或許過於冗長，但我明白他之所以如此歷歷在目，都是因為刻骨銘心的痛。那些鑲嵌在靈魂裡的傷，早已不曉得在他腦海中重播過多少遍、在他記憶中反芻過多少回了。

思及此，我不禁鼻頭一酸，紅了眼眶。老奶奶的女兒見狀，連忙緩頰：「哎呀，真抱歉，聽這些很無聊吧。」我搖搖頭，他也是太溫柔的人。太溫柔的人，連劇痛時也要耗神去擔心，自己是不是造成別人的負擔。

此時，老奶奶蹣跚的走了出來，看到我，好開心我來了。看到我要送他的紙鶴，他驚呼，也從家中拿出一箱自己摺的紙鶴要送我。唯一不同的是，我們的紙鶴是用素色紙摺的，而老奶奶則是用花色紙摺的。

他說在醫院時唯一能做的事只有等待，等待迎面而來不知是白晝還是黑夜的下一刻。未知令人恐懼，恐懼令人發慌，發慌令人不得不找點事做來舒緩，所以他摺紙鶴。

「神奇的是，好像邊摺紙鶴、邊想著你和你的小朋友，那些漫長的等待時光，就會又漸漸長出了盼望。」老奶奶露出淺淺的笑，彷彿他千瘡百孔、乾涸的心，慢慢被注入了一股暖流。

「你看，這些紙鶴都是那個老奶奶邊想著我們邊摺的，所以他才能人在醫院，卻仍然沒有放棄希望。所以今天我們來串紙鶴佈置教室吧！」我把背景脈絡告訴了紙鶴男孩。

看著為了要回應老奶奶心意的紙鶴男孩，溫柔而堅定的神情，做著極費工夫的精細動作，我突然覺得能惦記著他人、也同時被人惦記著，真是幸福。

完成後，我們把紙鶴一串串掛上，紙鶴男孩說：「不要掛得太整齊，這樣有高有低的，反而比較好看。」

「嗯，就像每個人都不一樣，世界才會多采多姿；就是因為有各式各樣的人，世界才美麗。」我接續他的話道，「你的興趣和一般男生不同，也很好；你的性傾向和一般男生不同，也很好。」

紙鶴男孩詫異的睜大眼，隨即陷入了沉思，我們就這麼安靜著，直到掛完紙鶴。或許我們都在努力當別人的光的過程中，漸漸也成為了自己的太陽。

四年前的紙鶴男孩，一拿到期中期末考卷，草草寫完便趴在桌上等下課鐘響；四年後的紙鶴男孩，一路寫到下課都不願休息，甚至第二科考完有剩時間，還詢問能不能補前一節寫不完科目的考卷。我知道，紙鶴男孩正在變得堅強。

四年前的紙鶴男孩，大小事都三緘其口；四年後的紙鶴男孩，任何事都保持幽默。

例如兌換獎品時，當每個孩子都在爭先恐後的問：「老師這個要幾點？」「那這個呢？」

一團混亂中，唯獨紙鶴男孩，用洪亮的聲音，穿過所有紛沓，脫穎而出的道：「這些我都不要！」他清清喉嚨，「羊羊老師，你要幾點，我要換你！」天啊，真是撩爆啦！

正當我還處在感動的餘韻中，只見紙鶴男孩又幽幽的補了句：「沒有啦，開玩笑的，我又不喜歡女生。」真是一秒鐘讓我哭笑不得！

但想到曾經如此沉重的話題，現在竟然變得如此談笑風生，我知道，紙鶴男孩正在變得開朗。

羊羊老師の悄悄話・・・

畢業前夕，紙鶴男孩送了一張畫滿愛心的卡片給我，上面寫著：「即使我犯了錯，羊羊老師依然會愛我。」那是我平常說的話。

大人的話語對孩子而言，可以是詛咒也可以是祝福，唯一同樣的是，都會深深烙印在孩子的心上，比刺青還要永久。

你想在孩子心上留下祝福，還是留下詛咒？

我看著自己的刺青，想起當時多少人勸我：「你是老師啊，這樣不好啦，不要刺青吧！」諸如此類。

可是，教育是生命影響生命的歷程，我一路走來的經歷，都帶給了不同情況的孩子不同的祝福。總要繞過遠路、走過征途，內在才能豐饒、才能更貼近形形色色的孩子呀。

人生沒有捷徑，生命自有時序；春天時儘管盛放，冬天時儘管凋零。

雖然時而晴天，時而雨天；可願我們永保對生活的信念，時時喜悅。

我才明白原來曾碎成千片萬片的我，而今，也成為了別人的力量。

06 狐狸男孩
從希望到絕望的重量

寓言故事的狐狸，因為吃不到葡萄，所以藉由說葡萄酸，欺騙自己其實並不想吃，以減輕遺憾；教育現場的狐狸男孩，因為得不到母愛，所以藉由說服自己其實並不在乎，以減緩傷心。

父母離異後，狐狸男孩與母親同住。

母親因為離婚而大受打擊，從此對生活失去熱情，成天懶洋洋的，靠著有一搭沒一搭打零工賺錢養家，有時徹夜未歸、有時在房間睡上整天，狐狸男孩的三餐也不是每次都有著落。

他想讓母親快樂起來，於是美勞課時用心畫了卡片帶回家，但母親連看都沒看就把卡片扔進垃圾桶。狐狸男孩沒有放棄，在學校努力舉手回答問題，換了獎品立刻說要送給媽媽，回家時沿路都在開心蹦跳。

「結果媽媽怎麼說？」

「媽媽叫我不要拿垃圾回家，還說我在學校的表現都是假的。」他落寞的垂著頭，眼眶噙滿淚水。

一年後，狐狸男孩已然卸下從前的稚氣純真，到哪兒都換上輕鬆玩世的態度。

當問及母親，他爽朗的回：「媽媽不喜歡我，沒關係啊。」

「為什麼沒關係？」

聞言，狐狸男孩歪著頭，彷彿答案再明顯不過。

「很簡單啊，我不在乎了。」語畢，他露出招牌笑容。

母親是狐狸男孩永遠抵達不了的終點線。

誰也想不到，從希望到失望再到絕望的重量，竟如此難以估量，讓孩子的內在從豐盈飽滿到空洞匱乏，外在從真誠熱情到疏離冷漠。

哪怕他笑得一派燦爛。

若你有機會收到狐狸男孩的禮物，請記得告訴他，你有多歡喜。

「吃不到的葡萄，如果說服自己，我不想吃，好像就不那麼遺憾了；得不到的愛，如果說服自己，不在乎了，好像也就不那麼傷心了。」

這就是心理學家佛洛依德（Sigmund Freud）著名的理論——防衛機轉中的「反向作用」：明明在意得要命，卻用雲淡風輕的態度遮掩。不為什麼，只因為這樣的孩子深怕承認後的破防，會令自己情緒崩潰。

所以想當然耳，這樣的孩子也不敢坦然收下他人的肯定——太美好的事物如夢似幻，如果哪天突然消失了，叫我怎麼承受得了？倒不如一開始就不存在吧。

五種愛的語言

我想起曾在書上讀過「愛的語言」，大約可分為五種。

語言型：如直說「我愛你」。

身體型：如討抱。

參與型：如地震馬上傳訊息，問我還好嗎。

禮物型：如送手鍊、卡片等。

幫忙型：如主動幫我掃地、擦桌子等。

大多數孩子這五類型會混合呈現，而狐狸男孩不意外的，會幫我的忙、會送我禮物，但卻很少討抱或說愛我。

甚至我要抱他也會被拒絕，我誇獎讚美或說愛他，也會得到「矮額——」的回應。雖然一開始很令人氣餒、挫折，但我仍始終如一的給予他正向語言。

「我愛你。」矮額——

「我擔心你會受傷。」受傷爽啊——

「你的字很美，肯定很用心寫。」哪有醜死囉——

「表現好可以加分。」矮油隨便啦——

「你最快碰到星星耶。」啊不就好棒棒——

可是我漸漸發現他雖然嘴硬，行為卻逐漸產生了變化。

「這邊要寫喔。」

「才不要咧——」手開始拿筆。

「我發現狐狸雖然嘴巴說不要，但手其實有用心在寫喔。」

結果下課發現他不只寫了基礎題，連進階題都寫好了。

又或者——

「東西記得拿，剩下老師收就好。」做完美勞後，我說。

小孩一哄而散，只有狐狸男孩跑到走廊拿掃把，幫我掃紙屑。

「哇，你好貼心喔！」

「順便而已啦，反正下課很無聊。」

是嗎，你下課不是都會去打球嗎，我竊笑。

面對像狐狸男孩這樣的孩子，大人該怎麼辦？別急著要他們接受我們的讚美，拐個彎兒鼓勵他們吧。

「雖然你嘴巴上說……但我看見你的行為上……」便是個很萬用的句型，孩子會覺得老師不是刻意在討好才說的，而只是把事實說出來而已，因此這類的陳述更能被他們所相信。

期待每個教育現場的狐狸男孩，都能透過老師一次次的「看見」，也逐漸發現自己的美好。

建立更深的情感連結

狐狸男孩的父母雖然離異分居，但父親有時又會回家住，大人的關係有如霧裡看花，連帶影響他的狀態也起起伏伏。

有一次，狐狸男孩捧著一隻好——大的史奴比來送我。

「哇，」我有點驚訝那隻史奴比大到快淹沒他，「你是特地去買的，還是本來就有？」不希望他額外花錢。

「本來就有。」他酷酷的回答，「我們家有很多娃娃，但只有一隻史奴比。」

「你只有一隻，卻把他送給我！」知道我懂他話語中的弦外之音，他開心又靦腆的笑了。

又有一次，Facebook 冒出廣告，是我小時候流行過的玩具，要用考古工具挖出恐龍化石。那時覺得好好玩，於是又腦波弱的買給孩子們了。

他們一開始雖然很興奮，但卻很怕把桌子弄髒，不敢放膽玩。所以我開始帶頭搗亂，邊說「認真考古學家的臉都會弄得髒髒的」，邊把粉土抹在他們臉頰上。或者學《獅子王》的劇情說「Simba」，然後把粉土抹在他們額頭上。

「弄髒又沒關係，最後再一起收拾就好啦！」我說著，再把桌子弄白一波。看到老師都這麼放得開了，孩子們也個個都像解除封印一般，大玩特玩了起來。

玩完後他們每個都掛著滿足的表情，狐狸男孩問我：「老師，這個好好玩！你怎麼有這個，你買給我們的嗎？」

「對啊。」

聞言，他露出久違的燦爛笑容，發自內心道：「真的喔！老師，謝謝你耶！」

聽得我幾乎融化。

才覺得一切都在漸入佳境之際，一日一大早，狐狸男孩便推開門進入我的教室。

「老師，我想借水杯。」

聽他的聲音不太對勁，我猛的抬頭，只見他臉上布滿淚痕。

「怎麼了？」我快步走近他，他趕緊撇過頭抹去淚水，但眼眶卻不受控的一直冒出眼淚。

我一把將他攬進懷裡，他頓時像冰冷的武裝碰上溫熱融化似的，潰堤大哭。規律的節奏輕拍撫他的頭，幾分鐘後，他的呼吸心跳終於也漸漸恢復穩定。

他深吸一口氣，說：「爸爸不跟我們一起住了。」

接著他走去裝了杯水，喝了口水，坐著休息。

「上禮拜都還好好的，這禮拜卻突然全變了，讓你好不能接受……」

因為沒有和他同樣的生命經驗，我只能做出最基本的情感反映。

他用力點頭。

一會兒後，他說他好點了，放好水杯要回教室，留我一人在原地心亂如麻。

面對無力的家庭結構，我沒辦法篤定的說，怎樣的愛才是對的。可我想相信，每個孩子無論刺蝟螫人、或拒人千里的外表下，其實都有一顆顆柔軟的心。

所以即使困乏，我也想告訴狐狸男孩：「無論是太陽的時候，還是月亮的時候，老師都會愛你。」

羊羊老師の悄悄話・・・

「我覺得你真厲害，沒有同樣的生命經驗，卻很能同理別人，也很會表達。是有特別去學過嗎？」朋友聽我轉述狐狸男孩潰堤的故事後道。

我搖搖頭，因為我始終覺得，表達只是技法，更重要的是，我們有想對他人的苦痛有所想像的這份心意。有這樣的心法，我們的日常轉瞬才都能是同理練習，才能即使沒有和對方一樣的生命經驗，也依然能夠共感對方。

資源班老師的終極目標是協助特殊孩子適應生活，因此我對自己的定位只是驛站或燈火闌珊，不期待有人會久留。但即使光陰短暫，我仍非常珍惜與每個生命交會的片刻，所以才會力所能及的嘗試新事物、與他人建立更深的情感連結。

我想成為 open-minded 的人，對於自己不認識的事物，依然願意用力去思考，用心去想像。

07 香菇男孩 想好好當個孩子

「欸，我們不要看本來那部了，改看《粽邪》吧。」我向朋友說。

「啊？為什麼？」朋友疑惑，「你不是看鬼片會怕？」

我娓娓道來原因，想著或許自己看完電影能比較貼近孩子的心，就知道怎麼協助孩子了。

班上有個孩子，這週一直在教室模仿恐怖電影《粽邪》進行召喚神明的儀式，不斷膜拜椅子、口中唸唸有詞咒語、雙眼不時進入渺茫狀態、並且對著空氣說話。

我嚇都嚇死，但還是按捺著恐懼、抱持好奇的語氣問他為什麼要召喚神明，他說他想請神明幫他實現願望：變得有錢、搬到很遠的地方。

他說這是媽媽的願望，我問他媽媽最近是不是很辛苦，和母親關係緊密的他紅著眼眶點點頭。孩子想召喚的神明叫做「椅仔菇」，那麼就叫他香菇男孩吧，畢竟叫「椅仔菇男孩」也太毛骨悚然（抖）。

有陣子香菇男孩的心情都很不好，其他孩子發現了，跑到我的身邊偷偷拉我衣角。

我蹲低了些，他用氣音在我耳畔說：「他今天心情不好。」我知道他指的是香菇男孩。

「我知道，謝謝你，你真貼心。」我也用氣音回。

「香菇，你今天沒有笑容，還好嗎？」待那個孩子回座位，大家都抄完聯絡簿後，我問。

他沒有答腔，於是我說：「沒關係，那等你準備好了再跟我說。」語畢，便開始上課。

剛開始香菇男孩有氣無力的趴在桌上，我把標準稍微降低：「很專心，眼睛有看老師，也有跟著寫。」

「老師知道你有在想，因為你有點頭搖頭。」

幾次後，他便漸漸直起身，嘗試舉手回答。

直到下課我們一起玩象棋，他才終於露出笑容。

「昨天我媽媽在哭。」離開教室前，反而是香菇男孩自己主動開口。

「這樣啊，你看了也很難過吧？」

「嗯，可是現在好點了。」他說，不好意思的搔搔頭，「象棋好好玩。」

成為北風還是太陽

曾有大人質疑，為什麼我都向小孩說「等你準備好，再告訴我」呢？這樣不是太遷就孩子了嗎？

我想起一個故事——有個人牽著一隻走得很慢很慢的蝸牛去散步，起初他又拉又拽，蝸牛卻還是這麼慢，他質問上帝為什麼給他這份苦差事。

後來他沒辦法，只能放慢腳步陪著蝸牛，但卻因為慢下來，而漸漸開始注意到周圍的鳥語花香，注意到天空的星辰微風。

我想，無論是孩子的情緒或成長，也都是如此。每個孩子都有自己的時區與速度，無須勉強他們配合大人的步調。

我們只管牽著他們的手、坐在他們身畔，聽潮汐起落、看月亮圓缺，陪伴他們走一段美好的旅程。

某日香菇男孩說：「我覺得某某某今天會請假。」

「是嗎，我覺得他會來。」我說。

「不會，他不會來。」

「那如果我說對了，怎麼辦？」我問。

「嗯……」

「我說對的話，你讓我抱一下。」我開玩笑提議。

「好啊，那如果我說對呢？」香菇男孩反問。

「那就……換我讓你抱一下。」

「好哇！」沒想到他竟然開心答應，我以為他會說：「還不是都一樣！」

總是承擔母親負面情緒的香菇男孩，偶爾也會露出放鬆無慮的一面。

北風愈是用力吹，旅人愈是把自己包得緊密；然而當太陽溫暖照耀時，旅人便願意脫下厚重的外衣了。

每個人都有自己的功課，當人們說你固執、說你怪異、嘗試吹動你改變時，我卻只想站在這裡，溫煦如故。

因為我知道，你正在與只有自己看得見的敵人戰鬥。

所以我才想當太陽呀，在你憂心如焚自己跟不上世界的腳步時，堅定的告訴你：「沒關係，慢慢來，我等你。」

和孩子站同一陣線

和香菇男孩所有的共同回憶中，最令我印象深刻的是「小人國的二十元」事件。

有次戶外教學回校後，香菇男孩告訴我：「我在小人國用十元投扭蛋機，十元投棉花糖機，結果錢被吃掉了，商品卻都沒有掉下來。」他說著，一臉的沮喪。

「如果是我，我也會好難過。」我反映他的情緒。

「而且我按退幣鈕也沒用，也找不到工作人員。」

「你已經試過好多方法了呀。」我表示有看見他的努力。

「我不敢跟媽媽說。」

「你覺得媽媽如果知道了，會怎麼想？」我詢問他背後的擔心。

「會怪我。」

「怪你浪費錢嗎？」據香菇男孩所說，他媽媽常常因為錢的事情苦惱，我因而猜測道。

「嗯。」

「那我們還有別的方法嗎？」我使用「我們」表達同一陣線。

他聳肩，一臉頹喪。

「還是我們打電話問問小人國，跟他們說這個情況，看他們可不可以把錢寄還給我們？」

他一聽，眼睛亮了。

於是我撥了電話過去，香菇男孩在旁邊聽。

「孩子投了錢，商品沒有掉下來，按退幣鈕沒用，附近也找不到工作人員。雖然二十元對我們大人而言是小錢，可是對孩子而言很重要。」

我陳述狀況與描述香菇男孩心情的用意，是為了讓他明白我有在聽，繼而感到被同理。

小人國說晚點會請主管聯絡我們。

待香菇男孩回班上後，主管撥了電話過來，告訴我其實機臺沒有故障，是要投到五十元才會有商品掉下來。

但他們還是願意退我們錢，問我方不方便給他轉帳帳號。

「哇，」我說，「那沒關係了，因為是我們小孩自己沒看清楚，不好意思再麻煩你們。」

並問：「那請問你們願意讓我複製一下你們官網上的 Logo 嗎？我想以小人國的口吻寫一封信給孩子，讓他學到一課。」對方表示同意。

隔天香菇男孩來了，我請他來我身旁，拿出我準備好的牛皮信封道：「這是小人國寄來的。」

我抽出裡面的信箋，帶著他朗誦：

「親愛的香菇小朋友，您好：

已收到您反映在埃及區扭蛋機及室內棉花糖機，皆發生投幣機故障事件。

向您澄清，埃及區扭蛋機及室內棉花糖機並不是故障，而是您需要投五十元才會有禮品掉出。

這次二十元先寄還給您，下次請您先看清楚機臺上的告示。

謝謝合作，敬祝平安。」

帶著他朗誦完後，我說：「所以其實是你沒有看清楚，不是機臺故障喔。」

「這次是小人國人很好，才願意退你錢，以後沒有了喔。」我倒出牛皮信封裡面的兩枚十元硬幣。

「二十元好重要，對不對？」我遞出硬幣給香菇男孩，他接下時一直點頭。

「所以以後要怎麼做，才不會遺失錢？」

「要看清楚標示。」他說，終於破涕為笑。

「他怎麼都沒有懷疑，這個二十元怎麼這麼快就寄到了？」香菇男孩回去後，實習生寧寧老師笑著對我說，「而且信封上連住址都沒寫。」

「對欸，我忘記了！」我也噗哧一笑。

孩子卡在情緒裡，導致有問題行為時，我們能怎麼做？如實批評他的缺失，還是急著給他建議，要他趕快改變行為？

都不是，而是同理他。不是同意、不是同情，而是同理，和孩子同步後，繼而理解他。同理分為三個面向：情緒的同理、行為的同理、認知的同理。以本文中的對話為例：

「你很難過吧」「如果是我也會好難過」是情緒的同理，說出孩子的心情；「你已經試過好多方法了」是行為的同理，說出孩子的動作；「二十元對孩子而言很重要」是認知的同理，說出孩子的想法。

當孩子被同理、腦中杏仁核冷卻下來之後，才有後續討論與改變的可能。

羊羊老師の悄悄話

記得我小時候也曾在戶外教學時，被魚飼料的機臺吃掉十元。

那時也是求救了好久仍失敗，玩的心情都沒了，回程時難過到都說不出話，眼淚一直掉一直掉，不斷怪罪自己怎麼能夠浪費爸爸的錢。雖然現在回想起來，十元真的沒有什麼，可是我卻仍能感同身受，二十元對一個孩子的份量。

會選擇假裝用小人國的口吻寫信，並寄還二十元給香菇男孩，是因為我想要孩子學到一課，卻又不想要他和我一樣，付出太沉重的代價。

曾被質疑過，這樣好嗎？世界黑暗，人心險惡，現在不對孩子嚴厲一點，他們以後出去扛得住嗎？其實，我也不知道正確答案，於是只能回歸初衷──當時遺失十元的我，希望能有怎樣的結局呢？

果不其然是這樣的吧：「小精靈呀，請讓我拿回我的十元，我發誓我下次一定會更小心的。」

所以二十年後的現在，沒能有圓滿結局的孩子，成了圓滿別人的小精靈。教會孩子的同時，我也好像跨越了時空，解救了當時的自己一般。

「淋過雨，才想為別人撐傘。」

輯二

障礙特質的難

08

混血女孩
走出靜默的黑洞

今天是開學日，一踏進教室便發現上學期末還茂盛得很的盆栽，竟然枯死了。

底部還有水，而且這次寒假也並不算太冷，明明十二月時它都捱過寒流了，怎麼會這樣？

我想了想，想到唯一一個物理條件不同的變因是：學期中時教室充滿歡笑，而寒假時教室則空蕩蕩，植物有整整一個月的時光完全沒有人陪伴。

電影《心中的小星星》裡曾提到：偏遠島嶼的島民們，伐木技術並不發達，於是他們衍生出另一種特殊的伐木方式：「只要孤立那棵樹、並以言語辱罵它，不消一個月，樹便會自動枯死倒下了。」

植物尚若此，而況人乎？

班上有個混血女孩，明明精通中英雙語，在家也活潑無比，但卻有選擇性緘默特質，在學校總是一聲不吭。

上課時，其他孩子總是掛著雀躍的笑容，非常投入課堂發言，唯獨他一人總是面無表情，不但不常發言，也不太與老師視線接觸，彷彿自己只是教室中的過客一般。

我曾經試過請他回答簡單的問題，但是，儘管他會因此與我的視線有了交會，卻也僅止於短暫，在他以光速般的速度及奈米般的音量回答完問題後，視線又會再度飄向遠方。

有時他甚至發不出聲音，我只能請他以點頭搖頭、或者給他圈叉牌用選牌的方式表達，孩子們開始有對他竊竊私語的氛圍出現。

觀察到這樣狀況的我，準備了兩個饅頭分別放入兩個杯子並封口，一個杯子上寫「Good」，另個杯子上寫「Bad」，請所有孩子對天使饅頭只說好話、對惡魔饅頭只說壞話。

結果一週後，惡魔饅頭不但發了好多好醜的霉，杯頂還氣鼓鼓，相反的，天使饅頭發霉的地方不多，且每個霉斑都很勻稱漂亮。

每個小孩都瞠目結舌，覺得不可思議。

我說，這就是人與人的連結，你對他好，他的心就會完整；你對他壞，他的心就會受傷。就算表面上對方沒有回嘴，但所有我們的起心動念，都有能量，都是因果。你以為無關痛癢的，實則舉足輕重；你以為船過無痕的，實則無所遁形。

答錯沒關係

「希望人與人的連結，總是善的連結。」那次之後，孩子們變得比較柔軟，而我也調整了一點增強制度❶。

孩子們答對，我會正增強；孩子們有在聽他人說話，我會正增強，並一邊附上口頭讚美「很棒，有專心聽別人說話」；甚至孩子們答錯，我也會正增強「Nice Try」。

「雖然答錯，不過你勇敢嘗試，美國人這時候都會說 Nice Try!」我解釋，同時也是說給混血女孩聽。

「不對喔，再想一想！」課堂上小孩答錯，我回饋道。

「老師，答錯沒關係，因為他有 Nice Try!」另個小孩興奮的說。

「對，我有 Nice Try!」並且之後的問題，答錯的孩子都依然還是踴躍舉手發言，絲毫不見挫折。

「答錯了，但是 Nice Try。複習一下，英文 Nice Try 是什麼意思？」

「很勇敢回答！」

「沒錯，相信自己 Nice Try 的你很棒，看到別人 Nice Try 的你，也很棒！」直到現在都不用我說，小孩不但相信自己勇於嘗試，也能看到他人的勇於嘗試了。

1 增強制度分為正增強與負增強，正增強是給予孩子喜歡的東西，例如點數，負增強是移除孩子討厭的東西，例如警告牌。

和醜娃娃交朋友

然而即使營造了溫暖的班級氣氛，混血女孩仍是守口如瓶、一字千金，直到學期過了大半，他和班上的其他孩子仍一點都不熟。

我決定帶孩子們玩桌遊《醜娃娃》，希望能找到突破口。

在黑板寫上「姓名」「班級」「最喜歡的食物」「最喜歡的顏色」「最喜歡的卡通角色」等標題後，我開始說明桌遊規則。

「從前從前有一群醜娃娃，他們想和小朋友交朋友，卻又害怕被拒絕。請問各位小朋友，你們願意和醜娃娃們一起玩遊戲嗎？」

「願意！」「老師，他們哪有醜，他們很可愛啊！」充滿正義感的回應此起彼落。

我帶孩子們看過每種醜娃娃、比較其中細節的異同後，將牌覆蓋並鋪滿桌面。

「等一下我們要輪流翻牌，當出現三張一樣的醜娃娃時，我們就要拍他們，然後說：『好朋友！』」我說，孩子們開始捲起袖子躍躍欲試。

「好朋友！」「好朋友！」第一次翻出三張一樣的醜娃娃時，孩子們紛紛邊拍邊喊。

「剛剛最快的三人，請參考黑板上的題目分享關於自己的一件事，醜娃娃更認識你後，你就能得到這張醜娃娃好朋友了。」

「這麼簡單喔！」「耶，我得到醜娃娃好朋友了！」

在如此熱絡的情境下，混血女孩也自然而然的分享了他最喜歡的顏色是黑色。

「什麼？你最喜歡黑色?!」另個小孩詫異的問。

混血女孩瞬間凍結，我連忙圓場：「你這麼驚訝，是不是因為覺得女生都喜歡粉紅色？但他竟然喜歡黑色，很酷呀！」

「對呀！」聞言，混血女孩這才放鬆了下來。

遊戲結束後，我問：「雖然第一眼覺得醜娃娃很醜，但一起玩過後才發現很好玩，這表示什麼？」

「不能以貌取人！因為交朋友不是要和別人的外在相處，而是要和靈魂相處！」孩子們的答案令人驚豔。

「所以有些人即使外表安靜，但相處過後才發現『哇，他竟然喜歡黑色，好酷』對吧？」我對混血女孩露出微笑。

陪孩子練習說不

那次之後，混血女孩遇到困難，會找我求救了。

有一次，他走進教室，看起來有點心事。

「怎麼了？」我問。

他想了想，說：「我同學想要我送他禮物。」

「他想要你送他什麼禮物呢？」

「文具之類的。」

「那……」我思忖混血女孩怎麼會突然開始這個話題，「那，你想送他嗎？」

他猶豫了下，才有點難以啟齒道：「不想。」

「不想的話，有沒有跟同學說？」

「我不知道怎麼說……」

我觀察到他好像有點為難，於是靈機一動問：「這樣啊，那你希望羊老師怎麼幫你呢？」

「嗯……」混血女孩不好意思的笑了，「你幫我跟他說嘛。」

「原來如此，你希望我幫你跟他說，你其實不想送他禮物，因為你不知道怎麼拒絕。」

混血女孩用力點點頭。

「我知道了。不過我只能陪你練習怎麼說，不能幫你說，因為每個人都要學習怎麼拒絕。」

見混血女孩沒有露出排斥的非語言訊息，我續道：「如果你不想送他禮物，你可以說『我不想送你，請你尊重我』，換你說說看。」混血女孩練習了幾次。下課鐘響後，我陪混血女孩到班上，請那位同學一起到外面走廊。

「嗨，我是混血女孩的潛能班老師。我問你喔，你有跟他要文具嗎？」

同學毫不猶豫的點頭。

「那他有話對你說。」我轉向混血女孩，混血女孩看著他的雙眼，「我不想送你。」

我協助混血女孩表達得更完整：「文具是他的，你要尊重他喔。」

同學又坦率的點頭。

「他這樣講，你會生氣或難過嗎？」

「不會呀！」同學睜著無辜的大眼。

「這樣可以嗎？」我問混血女孩，他點點頭，接著便和那位同學蹦跳著去操場玩了。

到了學期末，混血女孩變得比較喜形於色、多話、調皮，甚至還會和我分享他的興趣了。

「暑假快樂，我有很多本，所以可以送你一本。」他邊說，邊遞出一本英文小說給我，是《雞皮疙瘩》系列。

「哇，我也喜歡《雞皮疙瘩》。」我驚喜道，「除了這個系列，你還有看什麼書呢？」

他說還有《向達倫大冒險》、《亞森．羅蘋》、《哈利波特》……

不只如此，他現在在課堂上偶爾也會主動舉手參與，其他孩子也會聚精會神的聽，我看著他的表情，是既驚訝又欣喜，大概是從來沒想過自己所說的話，有一天竟然會被別人如此的重視著吧。

準備一個充滿安全感的環境，讓孩子們能夠在尺度內恣意揮灑，他們所綻放的色澤，果然會是我們意想不到的耀眼吶。

羊羊老師の悄悄話

有一本書叫《生命的答案，水知道》，內容是在說一位日本學者讓水看字，當水看到「愛與感謝」，會呈現瑰麗完美的六角形結晶；看到「混蛋」，則會形成扭曲醜陋的樣貌。

而這個現象，套用到植物、真菌身上也屢試不爽。

如果用比較科學的角度去解釋，是因為美好詞彙所造成的頻率，恰巧能製作出美好的形狀；醜惡詞彙所造成的頻率，恰巧能製作出醜惡的形狀。

但我想用比較靈性的角度去詮釋：萬物皆有靈，我們怎麼對待它，它便怎麼回饋。幸好純真的孩子們，都還願意買帳我的浪漫，才開啟了混血女孩轉變的契機。

教育其實和園藝很像，每個人都有共同所需：陽光、空氣、土壤、水；但照料方式卻又極其不同：每個人都各有特色、無需比較，只期待能發揮各自最大潛能。

相信即使許久不見他們發芽，現在我們的悉心澆灌，實則都有在看不見的地方一點一滴的滋長著他們；相信慢慢來也沒關係，我們的溫柔守候，都終將成為孩子們的小小力量。

09 貓咪男孩
內心有一個小世界

我這麼多學生中，他是數一數二的敏銳：課程的小巧思，他會注意；我的小情緒，他會發現。

姑且稱他為貓咪男孩吧，剛好他也喜歡貓。

「老師，我想要抱抱。」下課後，貓咪男孩從樹洞跑出來找我，看起來滿臉倦容。

「好啊。」我擁抱他，「怎麼啦？」

他的眼淚就掉下來了。

「我每次學國字都很努力了，下次都還是會忘記，已經好多次了，我也不知道我今天為什麼哭……」破碎的語句、紛沓的情緒，象徵著內心世界的紊亂，「我討厭我學不會。」

貓咪男孩常在挫折時，充滿怨天尤人的話語，然後躲進教室後方的書櫃，整堂課不出來。

他說書櫃是他的樹洞，而我知道那是他的安全堡壘，一個讓他有時間與空間修復的結界。

我坐在他身旁陪著他，也心亂如麻。

一會兒後，他抹乾眼淚，收拾書本，我問他：「好點了嗎？」

「好多了。」他說著起身，離開前轉頭問我：「老師，我下次還可以跟你聊聊嗎？每次跟你聊聊，我就覺得好多了。」

「好啊。」我說，他才微笑的放心離去。

困頓的時候、恐懼的時候，孩子的淚水、孩子的笑容，都再再提醒我，想進修輔導專長的初衷。

等我、等我、等我，有天老師一定會變得強大到足以保護你們，我這麼想著。

愛你們是我的軟肋，也是我的鎧甲。

與眾不同的禮物

換季時節，貓咪男孩的妥瑞症狀又換了模樣，並且鼻涕流到不行，常淚眼汪汪的來上課，看了很是心疼。

「為什麼我會這樣？」他半是難受半是困惑的問。

「因為最近在換季。」我答。

「那為什麼別人不會？」他又問。

我想起他從前也問過，為什麼自己永遠都記不得字？那時我無以回應，而現在依舊。

「沒辦法，老天爺給你的，你只能接受。」這樣的話，我真說不出口，因此始終只能沉默。

那天晚上，我去學編織，老師家的四隻貓咪，每隻都淚眼汪汪、戴著頭套。

「牠們怎麼了？」我問。

「換季，所以過敏。」老師答。

我靈機一動，徵得老師的同意後，拍了幾張貓咪的照片。

隔天我把照片給貓咪男孩看。

「你看這些貓貓跟你一樣，換季就會過敏，眼睛都流眼淚，還要戴頭套。」我說。

貓咪男孩好奇的探過頭來。

「你昨天是不是問我，為什麼只有你會這樣？但是我昨天沒有回答。」

「嗯。」

「因為我昨天還沒有想到該怎麼回答，但是今天想到了。」我說，「記得我說過，你很敏銳嗎？都能感受得到別人的心情。」

他點點頭。

「你很敏銳，所以能感受得到別人的心情；不過也是因為太敏銳了，連天氣的變化都能感受得到，所以才會過敏，跟貓貓一樣。」

「所以，原來你跟別人不一樣，是因為老天爺給了你一個貓咪靈魂呀。」我莞爾道。

貓咪男孩歪著頭，若有所思，最後露出笑容說：「真好，難怪我喜歡貓咪。」

就像影劇《我們與惡的距離》裡的對話，當思覺失調患者痛苦的問：「為什麼是我？為什麼是我？」

社工回答道：「我也不知道，可能是因為——你比較勇敢。」人生好多事情，都是 Trade Off，是權衡，是邊擁有邊失去，邊捨得邊獲得。

如果上天安排巨大的考驗給你，那背後必然藏著莫大的禮物；所有我們以為是詛咒的，最後一定都會幻化成祝福。

我是如此深信著。

漸漸的，貓咪男孩挫折時，不會再像以往一樣荒廢整節課了，雖然還是會崩潰，但時間從十分鐘、五分鐘……到現在已經降至一分鐘，便能重新整頓心情出發。有一次，他學會國字後還興奮的抱住我，說：「老師，我會了欸，謝謝你教我！」聽得我熱淚盈眶。

而且他也不用我規定至少要寫多少了，因為即使我每次都說：「看你的電力呀，想休息了也沒關係。」他仍每次都選擇繼續挑戰。每當孩子們有這樣的回饋時，我都會覺得人生若此，夫復何求？

「難過的話，還是可以去樹洞喔。」我提醒，但他只是笑了笑。

「不用了，樹洞可以給別人住了。」很久以後，貓咪男孩灑脫的說。

然而，對自己的體質逐漸釋懷的貓咪男孩，不久後，又出現了新的關卡。

不能比較的愛

「老師，如果你有男朋友，一定要跟我們說喔！」隨著我們的關係慢慢變深，貓咪男孩說出了他的擔憂：他怕我交了男朋友後，便會不愛他了。

「老師，當你的男朋友要什麼條件啊？」

「我這麼愛你們，所以我的男朋友一定也要喜歡小孩、喜歡你們。」因此我都會趁著回答，再再重申他們之於我的重要性。

「哦——那如果他不喜歡小孩、不喜歡我們呢？」

「那我就跟他分手。」我說得斬釘截鐵。

「哇，你們聽到了嗎，老師會為了我們跟男朋友分手欸！」貓咪男孩高興的歡呼。

而在那之後，我真的交男朋友了。

「老師，你有男朋友了，我好嫉妒！他認識你才不到一年餒！為什麼他都可以把你搶走，明明只有我可以霸占你！」貓咪男孩憤憤不平著。

「聽起來你很怕我的男朋友把我搶走，如果把我搶走了，會怎麼樣呢？」我問。

「你就不愛我們了！」他開始哇哇大叫，一臉苦瓜。

「可是我對男朋友的愛跟對你們的愛不一樣，所以不能比較啊。」我說，「就像我給每個小朋友的作業都不一樣，但是都一樣希望你們進步啊。」

「真的嗎？」

「真的呀。」我笑道，「而且我反而覺得我對你們還比較好咧，我都不太會生你們的氣，可是我都會生男朋友的氣。」

「是嗎？」

「是呀──所以別擔心，有了男朋友，我還是一樣愛你們。」我張開雙臂，「而且，還是一天比一天，更愛更愛。」

貓咪男孩跑過來抱我，開始啜泣：「老師，那你要幸福喔！」

「嗯。」

「如果你男朋友欺負你，要跟我說喔，我打爆他！」

「好。」

「他如果去找別的女生，你也可以來告訴我。」

「沒問題。」

幾經安撫後，貓咪男孩終於抹乾眼淚，破涕為笑，但他沒發現的是，我也紅了眼眶。

相信自己值得被愛

一直以來，孩子無論是轉走還是轉入，我都會特別花一些心思陪伴。

例如學期初時，有個小孩突然要轉學，我就跟他們班導借了一節早自習，帶著班上的孩子寫小卡，夾在我寫的大卡裡，寄到小孩的新住處……

學期末時，又有個小孩要轉走，我一樣也是準備了禮物，孩子也是超級無敵開心，一直把禮物拿出來再放回去、拿出來再放回去……

有一天，我在書局看到一本簡易插畫教學書，覺得很適合新轉進來的學生，便順手買了下來，孩子收到時滿臉閃閃發光。貓咪男孩看到，雀躍的說：「我們等下一起來畫畫！」

我好奇的問：「你不會吃醋嗎，羊羊老師只有買給他，沒有買給你欸。」

幾次下來的詢問，他的回答都是：「不會啊，羊羊老師之前也有送我什麼什麼呀！」諸如此類。

「我最近花比較多時間在轉學生身上，所以會比較照顧不到你，但這並不表示我比較不愛你喔。」貓咪男孩點點頭，表示能理解，甚至還反過來覺得是我比較辛苦。

這就是現在的貓咪男孩，悅納自己的特質，相信自己值得被愛。

羊羊老師の悄悄話

曾經我也覺得，愛，是有配額限制的，當所愛之人有了其他也在乎的對象，那麼他給我的愛，一定就會相對的變少了。但長大後愈發明白，其實每段感情就如同每個個體一樣，獨一無二且無可取代。所以根本不能比較，也無須比較吶。

個別化教育，是指針對不同的孩子，給予不同的教育；但我覺得「愛」，也應該要是個別化的。

雖然看小孩跟男朋友爭風吃醋真是又好氣又好笑，卻也如火樹銀花般，無比璀璨幸福。

「但願有天你能明白，羊羊老師對你的愛，永遠永遠，沒有比較值，只有絕對值。」

對於貓咪男孩，我使用的輔導方式是「角色楷模學習」，因為他喜歡貓，所以藉由貓咪的隱喻，讓他欣然接受自己。

有時候來到生命中的某些事情，我們無法躲開它、逃離它，怎麼辦？那麼就擁抱它，然後感謝它吧。或許能夠因此看到不同的風景，也說不定吶。

10 向日葵男孩
想說的話都能好好說

我帶過一個男孩，不但下課時會主動幫老師整理教具，用點數兌換獎品時也會惦念著妹妹，是個不折不扣的「暖男」，所以我都稱他為「向日葵男孩」。

很多人說，自閉症孩子缺乏情感，難以理解他人的感受，因此，向日葵男孩有時讓人覺得冷淡。然而隨著我與他愈發熟稔，我漸漸發現他並不是沒有感情，而只是不知道該如何表達。

於是我做了六個顏色的蝴蝶結：白色是純淨，代表客觀事實；紅色是火焰，代表主觀情緒；黑色是負向，代表批評；黃色是正向，代表讚美；藍色是藍圖，代表計畫；綠色是自然，代表創意。六色蝴蝶結是改良「六頂思考帽」而來，我的使用方式是讓孩子別上不同顏色的蝴蝶結，練習以不同身分發言，繼而提升換位思考的能力。

我常別上白色蝴蝶結，並讓向日葵男孩別上紅色蝴蝶結，我負責說出桌遊《妙語說書人》圖卡中事實的部分，而向日葵男孩則練習說出情緒的部分。透過一張張中性的圖卡映照孩子內在幽微的心思，很多專輔老師、心理諮商師、社工師也都會用它來當作媒材了解孩子，甚至與孩子建立關係。

孩子們都很喜歡這樣的活動，因為他們說蝴蝶結很像名偵探柯南的變聲器。

「這張圖上有一顆太陽，和許多把撐開的傘。這是客觀事實，還是主觀情緒？」我問。

「客觀事實。」向日葵男孩回答。

「沒錯，大家看的都一樣的部分，是客觀事實；反之如果大家看了有不同感覺的，則是主觀情緒。」我說，「那換你練習說說看這張圖上的主觀情緒。」

向日葵男孩想了想，道：「大家都撐傘，所以太陽很悲傷。」

「哦？為什麼大家都撐傘，太陽就會很悲傷呢？」我好奇的問。

「因為好像大家都拒絕了太陽。」

「你是說，太陽拿出他的熱情面對大家，大家卻撐起了傘，好像拒絕了太陽的熱情嗎？」

向日葵男孩點點頭：「有點熱臉貼冷屁股。」

我不禁訝異他能想到這個角度，於是繼續追問：「那你也有過熱臉貼冷屁股、覺得很悲傷的時候嗎？」

向日葵男孩這才娓娓道來，有些同學偶爾會對他不合時宜的發言有些微詞，而我這也才發現，原來我們以為自閉症孩子對世事毫不在乎，但其實許多細小的事他們都有放在心上。

美好的文學體驗

慢慢的，向日葵男孩已經會用較精準的情緒詞彙命名心情，於是我開始帶他練習國語課學到的文學技巧，希望他的表達能力能加深加廣。

「我看到了一座花園，花園裡有稻草人和向日葵。」向日葵男孩陳述視覺事實。

「怎樣的稻草人？以及怎樣的向日葵呢？」我引導他加入形容詞，增加句子的豐富度。

「微笑的稻草人和快樂的向日葵。」

「那他們會發出什麼聲音嗎？」

「向日葵應該會被風吹得沙沙作響。」向日葵男孩說出他的聽覺想像。

「那他們可能會有什麼味道？」我打算引導他說出「視聽嗅味觸」五感。

「應該會有太陽曬過的、溫暖的味道。」

「很棒耶，現在只差味覺和觸覺了。」我讚許道。

「味覺的話，花蜜很甜；觸覺的話，稻草人摸起來很粗。」

「想想看，很甜和很粗，能不能用教過的、比較高級的詞？」我引導他抽換詞面，也是為了增加句子的豐富度。

「甜蜜的，粗糙的。」

有了基本對圖卡的描述，我開始引導向日葵男孩將這張圖卡連結至生活經驗。

「那在你的生活中，誰像稻草人，誰像向日葵？為什麼？」

「嗯……媽媽像稻草人，我和妹妹像向日葵。」他思忖著，「因為我們會圍繞著媽媽。」

「好棒的聯想！」我微笑，「那你剛剛說向日葵會沙沙作響，你們做什麼事情時也會沙沙作響嗎？」

「幫媽媽做家事的時候。」向日葵男孩說完，也咯咯笑了起來。

「那稻草人摸起來很粗糙，媽媽摸起來也很粗糙嗎？」

「對呀，媽媽的手因為做太多家事，所以摸起來很粗糙。」

「哦，所以你們才會做家事，想替媽媽分憂解勞。」

「對，每次我們幫忙，媽媽都會笑得很甜蜜……」向日葵男孩靈機一動，「就像花蜜一樣！」

我將向日葵男孩提供的素材，重新整理並稍微潤飾成為作文單，其中保留他的創意，也將部分詞語挖空，讓他可以再練習一次學到的文學技巧。

「我的媽媽像花園裡微笑的稻草人，而我和妹妹則像快樂的向日葵，圍繞著媽媽。

媽媽發現我們沙沙作響的在做家事，問我們為什麼？

我們說因為媽媽做太多家事了、雙手變得很粗糙，所以我們才想替媽媽分憂解勞。

媽媽聽完後，心頭湧現汩汩花蜜。

午後的空氣中瀰漫著太陽曬過的、溫暖的味道，我們牽起稻草人的手，希望能永遠當向日葵，陪在媽媽身邊。」

陪孩子梳理表達

其實聽到向日葵男孩說媽媽像稻草人，而自己和妹妹像向日葵時，我覺得很驚喜。因為他媽媽曾和我分享過一些心路歷程，那時我也是用向日葵來形容他的。

向日葵媽媽曾是個嚴格要求自己、也對待世界苛刻的人，「不成功是因為不夠努力」是他的核心信念。直到生下特殊孩子，他才漸漸明白，世上還真有些終點，是無法倚仗努力抵達的。

領悟的那刻，他的心從嚴厲變得柔軟，從冰冷變得溫暖。從來不喜形於色、戴著倔強面具的他，竟然變得會因為孩子的小小進步而欣慰落淚。

那時我告訴他：「媽媽你就像向日葵，帶孩子們奔向光亮。人們不知道的是，向日葵不只白天，連在夜裡都默默堅持；人們不知道的是，你變得柔軟、變得溫暖，不是因為你放棄了，而是因為你的努力，換成了另一種樣貌在運行。變成一種，無論孩子朝向太陽或月亮，都予以支持的，向上而生。」

我們可以想像色盲是分辨不出顏色，可以想像音盲是分辨不出音高，可以想像字盲是分辨不出文字，但卻難以想像自閉症孩子的「情盲」是分辨不出情緒。但有時他們其實不是缺乏情感，而是需要大量的引導，才能將心中盤根錯節的感受梳理好再輸出。

因此我滿常用「強迫聯想法」與圖卡的方式帶孩子們寫作與表達，效果也頗佳。每每看到成品躍然紙上時，孩子們都會心滿意足。「強迫聯想法」是一種豐富表達的方法，使用的方式很多元，可以是抽一張圖卡，強迫和五感做連結；也可以是五感強迫和修辭做連結等。

「老師，我們下次什麼時候寫作文？」每個孩子都大聲朗讀完自己的作品給其他人聽後，有小孩期待的問。也許透過適當的鷹架輔助，寫作與表達將不再是孩子們望之卻步的活動，而會是美好的文學體驗。

也相信這樣美好的成功經驗，一定會常駐於孩子們的心中。

羊羊老師の悄悄話

我將向日葵男孩的作文分享給媽媽，媽媽很是感動，因為覺得無論是自己或兒子，都很不擅長表達，因此從來沒想過自己的故事能被這樣呈現。

看著向日葵媽媽眼眶濕潤的哽咽著，我不禁想，語言和心境，實際的距離有多遠呢？難以估量，但我唯一確信的，是我還想繼續練習聆聽隻字片語背後所蘊涵的、更深邃的情感。

我還想繼續搭建特殊孩子、特殊家庭與世界連結的橋樑。

向日葵男孩畢業那年，我決定送這群畢業生一人一本相冊禮物，裡面裝著我們從三年級到六年級亮晃晃的回憶。孩子們看到禮物，都好雀躍。

「四年是倉促的浮光，卻也是扎實的紋理，我看著你們長大，你們看著我成熟。

我才發現，原來一個人的稚拙與盛放，一個人高峰與低谷，都有人完全知悉，都有人陪你一路走來，是何其幸福的事。謝謝你們讓我駐足於你們生命中的這些時刻。」老師對孩子的愛不會停止在畢業，而會一直延展到遙遠的未來。

畢業快樂，我的寶貝們，也願向日葵男孩未來無論白晝黑夜，都能用自己的步調，往光芒奔赴。

11 計程車男孩
身邊重要的大人就是全世界

有一個學習困難的男孩，幾乎不識字，也不太會口語表達，可每次看他畫畫，他都會在畫紙上畫滿一臺臺黃色汽車，並在每部汽車上都寫下歪歪扭扭的「程」字。

「計程車的程，我的程。」男孩說。

男孩的單親爸爸是在開計程車時出車禍過世的，而「程」也是他們的姓氏，甚至是男孩三個字的名字中，他唯一寫得出來、筆畫最少的字。計程車連結著男孩與爸爸，連結著他痛苦卻也美好的昔日回憶，是他生命中好大一部分，所以我叫他「計程車男孩」。

計程車男孩是個單純的男孩，會因為一些簡單的遊戲而感到快樂。

「老師我們來玩躲貓貓，你當鬼！」有一次下課，計程車男孩這麼對我說。

「範圍是哪裡？」

「教室！」

「太小了吧，一下就找到了啊！」

「不會啦！」

「好吧，那我開始數囉，一，二，三……」結果我數到十，張開眼，馬上看到計程車男孩躲在門後，於是我走近，故意壓一壓門道：「唉唷——好奇怪欸，這個門怎麼變成彈簧門啦？」

計程車男孩憋笑憋到全身發抖，又趕緊跑去蹲在椅子旁邊。

「算了，等一下再回來修理我的門。咦——我的教室怎麼多了一張新椅子？」我假裝自言自語，「唉唷——這個新椅子看起來軟呼呼的，坐起來應該很舒服吧？我來試坐看看。」

我輕靠在他背上：「嗯嗯，果然很舒服……哎呀，這裡怎麼皺皺的？」我戳戳計程車男孩的側腹，然後開始搔他癢，他爆笑出聲。

「我的天啊！這個椅子竟然會發出聲音，真是太先進了啦！」後來上課鐘響了，我們回到座位，計程車男孩竟然說：「老師剛剛好好玩喔，下次我們再來玩！」

哎唷，怎麼這麼可愛啦。

測試對方給予的愛

計程車男孩經歷過父母離婚、爸爸過世，現在都是阿嬤在帶，但阿嬤忙於工作，因此計程車男孩也是個寂寞的孩子。

「老師，我很遜。」「老師，我做不到。」「老師，如果有一天我不見了，你會不會發現？」

「會，而且我還一定會把你找出來。」我篤定的說，「那有一天你會不會也發現，老師付出整顆心去愛的你，其實一點兒也不差呀。」

計程車男孩好常好常問我喜不喜歡他，而我總是微笑回答：「我愛你。」

儘管有時他的同學會開玩笑的對他說：「你再不乖，羊羊老師就不愛你了！」

我仍會堅定地道：「不會的，我還是會愛他，只是我會希望他能改進。」

因為對我而言真正的愛，是我告訴對方我不喜歡他的某些行為，但我還是會想與對方保持連結與關係，所以我常常會告訴孩子們：「你犯錯了，老師還是會愛你啊，可是我也會希望你能改進。我希望你能成為更棒的你自己。」

因此即便計程車男孩每次闖禍被我唸哭，過沒一會兒卻仍會寫卡片、或者回家錄「我愛羊羊老師」的音檔傳給我。往往這樣我都會更加相信，這些話一定有在他們心底萌芽。

出自恐懼、害怕大人討厭自己而做出的改變，痛苦且短暫；出自於愛、想成為更棒的自己而做出的改變，才會快樂並持久。

「老師，如果我不愛你了，你還會愛我嗎？」又有一次，計程車男孩問。

「會啊。」

「可是我不愛你了欸。」

「喔。但我還是會愛你啊，會努力幫你上課。」

「可是我不愛你了啊。」

「喔。但我還是會愛你啊，星期五還是會讓你換獎品。」

「我不愛你了。」

「喔。但我還是會愛你欸，你犯錯我還是會唸你，不會放棄你。」

「我・真・的・不・愛・你・了。」

「喔，好吧，這樣我可能會很難過。」我頓了頓，「但我還是會愛你，對你跟對其他小朋友一樣。」

計程車男孩安靜了。

一直到下課鐘聲響起要離開時，他才跑來，一臉害羞的笑著：「老師，我愛你了啦。」我當然知道你愛我啊，因為每次下課都會跑來要幫我忙的，都是你啊！

沒有安全感的小孩，都會藉由「拒絕」，來測試對方對自己的愛，到底堅不堅定。別擔心，如果你的心因為害怕而動搖，再問幾次，羊羊老師的答案都不會更動。

我愛你，我愛你，我愛你。為你，千千萬萬遍。

教師節快樂

每年教師節的前一週，我都會帶孩子們寫卡片給最辛苦的班導師。

「這張卡片是教師節要送給班導的喔。」我對孩子們說。

聞言，每個小孩都眼睛一亮、露出笑容：「我想到我要畫什麼了！」然後振筆疾書，寫上畫上自己的想法；並且堅持到底，一反平日躁動的常態。

我在一旁紅了眼眶，因為我知道，對孩子們而言，身邊重要的大人就是全世界。小孩是如此相信又深愛著大人，永遠在吵架後仍願意修復關係。

所以我都在心中默默祈求：複雜的世界，請別傷害了這些單純的小孩；重要的大人，請別揮霍了這些美好的愛。

當然每年，我也都收到了教師節卡片。

「老師我們愛你，生日快樂！」不是生日啦，是教師節！

「老師你眼睛閉起來，我們要給你一個驚喜，是喉糖！」雖然你們說我沒有生氣罵過人，應該用不著喉糖。

「老師我要送你一包棉花糖，可是我剛剛忍不住打開先吃了一點……」很厲害了，還剩三分之二包！

「牛牛考帥教帥節快樂！」即使有錯字，也萬分感動。

然而有次的教師節，計程車男孩哭得特別傷心。

那年計程車男孩在教室窗外，舉著卡片大喊：「羊羊老師，我等一下要送你卡片喔！」然後笑得一臉燦爛。

旁邊的同學突然玩心大起，一把抽走他手上的卡片闖進教室遞給我，計程車男孩措手不及，只能眼巴巴看著別人搶走自己畫的、原本要親手送出卡片的機會，於是衝進廁所嚎啕大哭。

見狀我連忙追了出去，此時同學還很不識相的歸因錯誤：「老師，他害羞得哭了啦，呵呵呵！」語畢還自以為幫朋友告白成功、撮成一樁喜事般，在廁所門口沾沾自喜的手舞足蹈著。

我又好氣又好笑，一邊想著「你根本豬隊友」，一邊找到背對門口正啜泣到顫抖的計程車男孩，從後面緊緊抱住他。

「我跟你說，他剛剛給我，我都還沒有看，因為我只收你送的，別人幫你給的我都不要。」幾秒後，見他的呼吸平順了些，我於是把卡片塞還給他，「我在教室等你，你等一下要笑嘻嘻的給我，因為我想看到你的笑容。」

他接過卡片，淚水漸止，我隨即語氣一轉，瞪向同學：「他想送就讓他自己送，你沒有經過他同意就亂拿他的卡片，害他很傷心。趕快道歉！」

經過方才一番對話，同學這才恍然大悟自己根本幫倒忙，不好意思的搔搔頭道歉。看到我兇罪魁禍首，計程車男孩這時才破涕為笑。

幸好後來圓滿落幕，一會兒計程車男孩進教室給我卡片時又掛回平時賊賊的笑容，我喜形於色的接過卡片，大肆表揚了一番，最後還被他指定卡片要張貼在牆壁的正中央。

還能為孩子做些什麼

計程車男孩二、三年級時是我帶的，但四、五年級時換了一個代理老師，計程車男孩從此萬劫不復。計程車男孩的故事好長，我曾努力想為他爭取好多，但有些大人永遠認為他之所以有問題行為，就是因為病了該吃藥，而不去計數這兩年環境帶給他多少傷害。

「我可以來你這邊上國語數學課嗎？」某天又是一次翻天覆地後，計程車男孩跑來我的教室問我。

「你想來這邊上課？」

「對啊，你那麼好。」計程車男孩露齒而笑。

我嘆了口氣，我其實也向上級詢問過一樣的事，但想當然被拒絕了，所以此刻面對計程車男孩，我只能在心底輕嘆。

「我很壞嗎？」他問。

「為什麼這麼問呢？」

「很調皮，很壞啊。」

我想了想，回答：「可是我記得你都不會隨便調皮啊，都是有原因的。」

語畢，計程車男孩笑而不語，隔天送了我好多五顏六色的水晶寶寶。

那時候計程車男孩已經不是我的學生兩年了，可他若是有負面情緒，仍會跑來我這討抱。

後來我調動回臺北，斷斷續續沒了計程車男孩的消息，漸漸的、漸漸的，這件事也成為了我底心最遺憾的一座廢墟。

曾經不只被一個班導說過，明明我不是個管老師、怎麼這麼了解小孩；明明我不是個管老師、怎麼小孩卻開口閉口都是我……諸如此類。

可能是因為我無比愛小孩，才會把小孩的每個微不可聞的細節都放在心上吧。用心去愛的生命，一定感受得到。

就像女巫的陰陽眼，擁有感知得到不同次元的能力一般。

曾有老師問我道：「羊羊老師，你是怎麼知道小孩的情緒與想法的？」

我想了一下，回答的卻約莫都是：「因為他在敲筆。」「因為他看了地上兩次。」「因為他坐得比平常挺一些。」這些雞毛蒜皮的小事。

我這才發現，原以為的稀鬆平常，對別人來說，可能是不同次元的事物——魔鬼都藏在細節裡。

雖然有陣子我很討厭自己如同女巫陰陽眼般的高敏感特質，因為那很累人，得隨時都在接收四面八方的訊息，而當我無法負荷那麼多的資訊時，便會在三更半夜自動自發醒來，並開始寫文章洩洪。

可我也逐漸感受到高敏感特質帶來的好處，例如我雖然不太會記人名，但卻很容易記得別人的生命故事；雖然不太會記人臉，但卻從來沒有搞混過雙胞胎。

再想起包括計程車男孩，曾經也有許多孩子告訴我，他覺得我是很不一樣的老師，因為我了解他；他知道跟我說，我一定會支持他；我是懂他的……

我才發現原來高敏感特質，讓我變得比較會同理人啊。

我想計程車男孩能在我這安好如初，我照顧到他的地方肯定不只學習，思及此，我才終於敢鼓起勇氣，再度走進內心的那塊荒蕪，去反思「如果往後又遇到計程車男孩，我能為他做些什麼？」

羊羊老師の悄悄話・・・

我想照顧的不只是孩子的學習，還包括心理。我相信如果走進個案的世界，這個生命就有了修復的可能。而這，真真切切是我想做的事。

所以好期待去念書。我想去進修輔導專長、去修輔導學分班的課。

大人究竟在不在乎孩子，孩子絕對感受得出來，因為所有我們的起心動念，都是能量。與其怪孩子不開花，我更想審視自己提供的土壤，夠不夠豐饒。

希望「高敏感」這個永遠抹去不了的特質，在帶給我困擾的同時，也能讓我成為鑰匙，打開孩子那一扇扇封印的心門。

接納映在心底的東西，雖有不被相信的時候，可溫柔的日子同樣也美得令人炫目──我已經決定要這樣活下去了。

願我擁有足夠的厚度，在往後人生中每個計程車男孩墜跌之際，都能從容乘載。

12 鴨子男孩 緩緩前進也很好

小鴨在破蛋而出時，會認定第一眼看見的對象為母親，即使對方根本不是小鴨真正的母親，小鴨仍會跟著這個對象一生一世，這個現象叫做「銘印現象」。

奇妙的是，在有自閉症狀的孩子身上也有類似的狀況，他們會對事物有著異於常人的堅持，我們稱之為「固著」。

記得鴨子男孩剛上小學一年級時，每天在校門口和媽媽上演「訣別戲碼」，鬼哭狼嚎、尖聲怪叫、跑給大人追……讓媽媽和學校很是頭疼。

鴨子男孩不願意進校門，正是因為他已經將幼兒園「銘印」在靈魂深處，而小學顯然和幼兒園「很不一樣」，因此他不願踏入校門半步。

我想起鴨子男孩曾跟我分享過他喜歡貓，宜蘭的姨婆家也有放養貓，於是我用ＬＩＮＥ向他媽媽要了幾張姨婆家貓咪們的照片，打算設計一場「闖關遊戲」，希望他可以轉移注意力，減緩分離焦慮，一路過關斬將進自己的教室。

第一天，我以貓咪的口吻寫了一封信：「鴨子你好，我是你姨婆家的貓咪小白。聽說你很喜歡貓咪，我想考考你一些關於貓咪的知識，看看你知不知道。」

信中還有六道與貓咪相關的題目，以及蓋章處：「每一題的答案都會在回你教室的路上，你要找到答案後蓋章，才算過關。準備好了嗎？」

當我帶鴨子男孩唸完這封信，他驚喜的點了點頭，望向通往教室的走廊快步而去，壓根兒忘記剛才還在校門口的媽媽，我回頭向鴨子媽媽眨眼揮手，他露出鬆了口氣的笑容後，我也趕緊跟上鴨子男孩的腳步。

「小朋友玩得滿頭大汗，你知道貓咪怎麼排汗嗎？」貓咪不會流汗，牠們用肉球排汗。

「小朋友聞到鉛筆盒臭臭，你知道貓咪能聞幾種味道嗎？」貓咪的鼻子可以聞到比人類多出數萬種不同味道。

「小朋友會躲在被窩，你知道貓咪會躲在哪裡嗎？」貓咪會躲在箱子裡，牠們用鬍鬚感應自己塞不塞得進去。

「小朋友用眼睛看昆蟲，你知道貓咪的眼睛會變形嗎？」貓咪開心時，眼睛圓圓的；緊張時就變得尖尖的！

「小朋友興奮時會一直講話，你知道貓咪興奮時會怎樣嗎？」貓咪興奮時，耳朵會直直的；害怕時會縮起來。

「小朋友一天睡九小時，你知道貓咪一天睡多久嗎？」貓咪要睡十六個小時，因為牠們是夜行性動物！

鴨子男孩興奮的陸續找到了答案並蓋章，回到教室後還珍視的將貓咪們的照片一一壓在座位桌墊下，看起來心滿意足，過程中他還驚訝的問我：「小白怎麼知道我鉛筆盒臭臭？」

我回答：「姨婆家的貓知道你很多事情呀。」內心則暗笑：「你自己上課時告訴我的，竟然自己忘記。」

接下來的兩週，我都用不同的關卡，連哄帶騙的讓鴨子男孩進校門、教室，兩週後，鴨子男孩終於可以在不用他人協助的情境下，自己一個人順利的上學了。

鴨子媽媽看著鴨子男孩往教室走去的背影，心中的大石頭也放下了。

我想小學未來的六年，必然還有孩子必須獨自走過的荒涼，希望我們能一步步帶鴨子男孩建立勇氣，踏上那些崎嶇道路。

陪孩子調整步伐

升二年級時，鴨子男孩的「銘印現象」又再次出現了。

一大早，導師便打分機過來，告訴我鴨子男孩在教室走廊徘徊，怎麼樣就是不肯進教室抄聯絡簿。我匆匆奔往鴨子男孩的教室，果然看見他魂不守舍的杵在原地。

「鴨子，你怎麼了？」我問，他沒有答腔，還是呆若木雞的站著。

「你是不是覺得很奇怪，以前這節明明要上羊羊老師的課，現在卻要進教室抄聯絡簿？」聞言，他才重重點了點頭。

「鴨子現在是幾年級呢？」我問，他用手指比了二，「二年級。」

「那以前是幾年級呢？」我又問，他用手指比了一，「一年級。」

「一年級的時候，這節課是羊羊老師的課，二年級的時候，這節課要進教室抄聯絡簿。」我一字一句慢慢的說，「因為鴨子已經長大了，所以二年級和一年級有些地方會不一樣。」

他皺起眉頭。

「還是覺得很奇怪嗎？」我問，「沒關係，我陪你在走廊，等你習慣自己變成二年級。」

我們就這樣在走廊一起望著空曠的操場，一會兒後，鴨子男孩才緩緩的道：「我習慣了。」隨即背起書包走進教室，坐到座位上並拿出聯絡簿開始抄寫。

升三年級時，又有個新變動，那就是讀整天的天數比低年級多，多了週一和週四，所以鴨子男孩又花了點時間調適。

「羊羊老師，鴨子拿著書包衝出教室，不見了！」中午時導師打分機過來，聲音聽起來憂心忡忡。

掛掉分機，我跑向校園的各個角落，最後在遊戲場找到了他。

「發生什麼事？」我問，一邊用手機傳訊息給導師說找到人了，請他放心交給我處理。

「我要回家了！」鴨子男孩邊說邊往校門口方向走去。

我用身體擋住他：「因為以前一、二年級時，週一和週四都是讀半天對不對？」

鴨子男孩愣住，彷彿也沒有想過是什麼原因，讓他覺得現在就是該回家。

「鴨子覺得好奇怪，以前一、二年級時，週一和週四都是半天，現在三年級，週一和週四卻變成整天了。」我替他說出他的感受，「沒關係，羊羊老師會像之前一樣，陪你在這裡，等你習慣自己變成三年級。」

鴨子男孩沒有回答，只是低頭看著自己的腳。

「我陪你一起走到教室吧？」我問，鴨子男孩搖搖頭，在原地坐了下來。

雖然直到下個鐘聲響起，他都不願意回教室，但至少沒有嚷嚷著要回家了。午休鐘聲響起，鴨子男孩才朝教室的方向走去，望著他離去的背影，我沒有氣餒，也沒有責怪。

因為成長過程中，我們總是被迫要求「快速適應變化」。然而如果能耐心等待，孩子心中是否就不會累積這麼多壓力長大了？尤其是對像鴨子男孩這樣，更需要時間調適的孩子。

有句話說：「陪孩子長大，就是重新過一次童年。」每次陪伴孩子的同時，大人彷彿又重新過了一次童年，而身為大人的我，想用更美好的方式，讓孩子走向更圓滿的結局。

我跋山涉水而來

四年級時，鴨子男孩依舊有著他的固著，雖然有進步了，但跟一般孩子比起來，還是有些奇特。

就像有一次，他突然衝進我的教室，迅速且面無表情的塞了顆楊桃給我，然後頭也不回、一溜煙的跑掉，讓我完全丈二金剛摸不著頭惱。

然而接下來的幾節下課，陸陸續續有許多其他孩子跟我說：

「老師，我剛剛在楊桃樹下遇到鴨子，他說要撿一顆漂亮的楊桃給你吃！」

「老師，你收到鴨子的楊桃了嗎？」

「老師，我剛剛看到鴨子在洗要給你的楊桃。」

我才發現，原來鴨子男孩唐突的禮物，背後竟是一片苦心：弱視的他，究竟花了多大的努力，才把楊桃送到我的眼前呢？即便這顆楊桃看起來再樸實無華不過。

隔日再遇到鴨子男孩時，我微蹲，視線與他齊平。

「謝謝你的楊桃，我全吃完了。」我淺淺一笑。

他原先緊繃的臉蛋頓時緩和了下來，彷彿在說：「幸好老師喜歡。」

我摸摸他的頭，他蹦跳著離去，看著他輕快的背影，我明白，順從的孩子、彈性的孩子、適應力佳的孩子……，大人們都愛。可就像電影《Frozen2》的歌曲《Show Yourself》中，有句歌詞唱道：

Here I am

I've come so far
我來了
跋山涉水的來到你的面前了

抗拒的孩子、固著的孩子、適應力欠佳的孩子……，他們又何嘗不是一路磕磕絆絆才來到我們的面前呢？所以我們是否也能全然接納，無論好的、壞的，千里迢迢而來、此時此刻孩子的模樣？

羊羊老師の悄悄話・・・

有一首關於「時區」的詩，它的內容大致是：「世界上每個人都有自己的時區，有些人看似走在我們前面，有些人看似走在我們後面。

每個人只是在各自的時間軸上運行，沒有誰領先了誰，沒有誰落後了誰。

命運會為我們每個人做最好的安排，而現在你在自己的時區中，剛好準時。」

讀了這首詩的我猛然驚醒──是啊，我明明知道每個孩子都有不同的速率、不同的方向，然而在面對落後的孩子時，為什麼卻又擔憂起來了呢？

所以現在的我時常提醒自己，每個孩子都是恆星，他們用自己的步調、在自己的軌道上，兀自燃燒。

我想擁有勇氣去相信，縱使不用謾罵催促、不用嚴刑峻罰，孩子也能在自己的時區中，好好成長。

13 倉鼠女孩
想像是一件很難的事

倉鼠女孩的學業能力不佳，卻有著和倉鼠一樣溫和的脾氣，或許是這樣，每每下課看到他時，身邊總是圍繞著許多朋友，像三五成群的倉鼠一樣，顛覆潛能班孩子給人孤單的刻板印象，因此我叫他「倉鼠女孩」。

有一陣子，教室一直被匿名惡作劇：下課時，門常常被用力推開，「碰」的一聲撞到牆上，但門外卻空空如也，即使好幾次我已經迅速追了出去，仍找不到是誰做的。

而正在教室內的倉鼠女孩，每次都會一臉天真的問：「老師，又是教室的小精靈開的嗎？」

因為實在有點困擾，於是我向教務主任求救，主任和我一起調閱監視器畫面。那天剛好是週三便服日，果然看到一位全身穿著藍色的男孩，在惡作劇後迅速躲到轉角的紙箱堆後避人耳目。

「他穿這樣很好找，老師您先去上課，剩下的交給我吧！」主任說。不一會兒工夫，主任就跟我說找到那個學生了，中午放學他媽媽會來接他，我們再一併向他媽媽說明情況。接近放學時，主任和我在男孩的教室外等他。看著班導在上課，男孩卻在教室內四處遊走，我的特教雷達瞬間響起。

放學後，我們和男孩一起走到校門，男孩的媽媽來了，主任向他說明事情的來龍去脈，媽媽唸了男孩一陣。

「以後不能再這樣了，趕快跟老師說對不起！」媽媽最後說。

「羊羊老師，對不起。」一豆大的淚珠從男孩的眼眶滑落，我則暗自推敲他不僅累犯且還認識我，動機應該是「引起注意」吧。

我微蹲，視線與男孩齊平：「你下次不能推開我的門跑掉，但你可以推開我的門，進來我的教室和我打招呼，好嗎？」

男孩點點頭。

一週後，教室的門再度被打開，我循著聲音望去，看到男孩站在門口：「羊羊老師，早安。」

「噢，你來啦，早安呀。」

聽到我這麼回，他心滿意足的咧嘴而笑：「羊羊老師，再見。」說完便關上門，一溜煙跑走了。

「真的是來打招呼的啊……」我心想。

「老師，他是誰呀？」倉鼠女孩問。

「他嗎？藍色小精靈呀。」語畢，我莞爾，倉鼠女孩聽懂了，也跟著哈哈大笑。

如果在沒有滿足孩子需求的前提下，一味制止，只會助長其他問題行為產生，此時若改成給予孩子替代方案，既可以滿足他的需求，也可以讓他的行為被接受。後來我才得知，原來藍色小精靈真的是專輔老師的個案。身為特教老師，我的特教雷達，有沒有很準呢？

溫柔的接住彼此

倉鼠女孩不僅沒有和常惡作劇的藍色小精靈計較，對待潛能班的其他孩子，也非常友善。

有一次，我帶了一堂「搓愛玉」學除法的數學課程，徒手搓揉愛玉子到鋼盆中，並等待凝固時，孩子都無比投入，然而在練習以湯匙將鋼盆中的愛玉分裝到杯子時，有個男孩卻止步了。

「你不試試看嗎？」倉鼠女孩問，男孩搖頭。「是因為怕愛玉會掉出來，覺得會很浪費嗎？」倉鼠女孩又問，男孩點頭。

「試試看嘛，沒有很難！」倉鼠女孩鼓勵道，男孩還是堅定拒絕。

「老師，那我幫他裝！」其他小孩興奮的喊。

「謝謝你們這麼熱心，不過他要自己練習。」我說，男孩還是猛搖著頭。

就在僵持不下之際，倉鼠女孩靈機一動提議：「不然你在分裝時，我們其他人拿大碗在下方準備，如果愛玉不小心掉出來，我們會幫你接住，就不會浪費了。你覺得這樣好嗎？」

聽到自己的失誤不致釀成大禍，男孩的眼睛亮了，馬上點頭表示自己想嘗試，我不禁欣喜倉鼠女孩竟然能想到這麼兩全其美的方法。

費了一番努力，孩子們終於將所有愛玉分裝完畢，大功告成時，男孩開心的說下次還想玩。

記得初任教師時，我總是擔心，如果孩子因為失敗而折煞了他們的熱情與勇氣，怎麼辦？於是我把所有事情都打理好，如此便能讓孩子不偏不倚的避開挫折情境。

直到有天，我突然反思：「如果我什麼都幫孩子做好了，是不是反而剝奪了他們成長的機會？」

從此以後，我開始練習以另一種形式守護孩子——從原本的立下結界不讓孩子受傷，變成後來是當孩子受傷時，選擇陪伴與療癒。

「為什麼你一開始不敢，後來卻敢了呢？」我問男孩。

「因為如果失敗，還有你們會接住我啊。」他笑得一臉燦爛。

想成為這樣的守護者，鼓勵孩子飛翔，同時也在孩子墜跌之際，溫柔的接住他們，讓他們再度擁有力量去迎接挑戰，有韌性去承載失落，更有底蘊去容納生命一次又一次的不盡人意。

用「聯覺」練習貼近自己的心

曾經覺得疑惑，倉鼠女孩明明還算會思考，為什麼學業能力卻不佳呢？後來才發現，原來是因為他的「心像」能力比較弱，意即當他聽到或讀到一段文字，無法很具體的在「心」中產生圖「像」，因此許多高層次的抽象思考，他都顯得吃力。

心理學上有個詞彙叫「聯覺」，「聯」合的知「覺」，例如：有些人在聽到音樂時，能看到顏色；有些人在有情緒時，能看到顏色；有些人在聞到味道時，也能看到顏色。品嘗文學的意象也有異曲同工之妙，能在接收文字時，跨越時空的限制，抵達作者當時的狀態。

我很喜歡文學的意象，然而這份來自靈魂感同身受的悸動，在傳遞給孩子時卻歷經重重阻礙：學習障礙孩子不太懂字、智能障礙孩子不太懂意思、自閉症孩子不太懂意境、情緒行為障礙孩子不太想靜下來……

於是我才想，不如來練習看看聯合文字與心像吧！我決定帶倉鼠女孩畫和諧粉彩，引導他的文意理解。

我請孩子們閉上眼睛，趴在桌上，然後邊放冥想音樂，邊唸課文〈阿里山看日出〉，請他們在心中想像畫面；我請孩子們記好自己的想像，如「太陽在哪裡？雲呢？是什麼顏色？」等，最後睜開眼睛，拿出我的範本，即時發表他們自己心像與我範本的異同。

孩子們創作後，互相分享感受。

「天色晦暗，本來快絕望了，卻在最想見時，曙光出現了，才明白原來它一直都在，就像我對畫畫的感覺。

中間有段日子，我都覺得自己是不是太無趣了、應該要豐富一點，去培養其它戶外的興趣？

可是剛剛畫畫時，我全神貫注，目光都在手和畫紙上，心底也不斷冒出『啊，我果然還是最喜歡畫畫了』的念頭。

畫完後才驚覺時間竟然過得那麼快，好久不見的心流經驗，彷彿重溫了我最初對畫畫的熱愛。還有也提醒了我，現在灰灰的也沒關係了……因為現在這樣，也很好吶。」

接著又有孩子說，畫出來的和想像的一樣！

覺得真好，「聯覺」練習不但讓孩子更貼近文學的意象，也更貼近了自己的心。希望未來的任何時刻，我也都能和孩子把每個當下活出永恆。

但在這心流的時刻，只有倉鼠女孩低著頭，望著自己模糊的畫作發愣。我不禁有些失望，或許這個練習對他而言，還太難了吧。或許做為特教老師的我們，有些時候就是必須得承認，孩子的潛能就是有極限的吧。

在那之後，倉鼠女孩依然賣力唸著國語課文、奮力算著數學題目；依然上課前幫我整理黑板、下課前送我自製卡片；依然得意的帶朋友參觀潛能教室、喜悅的向爸媽分享我的課程。

一切與往昔無異，然而那次的期中考，倉鼠女孩卻徹底讓我驚豔了——其中一題，他竟然畫圖。

「你怎麼想得到要畫圖？」我喜出望外的問。

「老師你之前有教，不會就畫圖啊。」他回答得理所當然，我卻聽得熱淚盈眶。

一直覺得思考比答案重要，過程比分數重要，雖說這樣的想法常被主流的巨浪吞沒，可沒想到還是有孩子記得我教的小小事情。世俗或許黑暗，體制或許沉重，然而特教老師的心湖，永遠會被這些微感動，激起圈圈漣漪。

羊羊老師の悄悄話・・・

光點晃晃悠悠的浮現，孩子們身上總是共存著滯留與成長，黑暗與明亮。或許做為特教老師的我們，有些時候真的束手無策，但我們也永遠都會在孩子身上發現驚喜，永遠都會像打開潘朵拉的盒子般，充滿無限未知與希望。

14 樹懶男孩
活在無比幸福的當下

一堂瑜珈課的開始與結束，老師都會帶我們雙手合十道：

「Namaskar。」

Namaskar 梵文的意思是，我用「心」認識你，撇除你的長相、學歷、薪水、家世……一切世俗在乎的外在條件，我向你的內在靈魂致敬。

這週站導護時，有個穿著護腰的小孩遲遲不願意進校門，我於是走向前詢問。

「他說書包太重了，他走不動，加上他的腰又有受傷……」幫小孩提書包的媽媽回答。

我伸手接過，果然沉甸甸的。

「真的滿重的欸……不然這樣吧，他幾年幾班？我快收崗了，等我收完再幫他拿去教室。」我說。

「真的嗎？謝謝你！」媽媽露出放心的笑容。

收崗後，我拿起書包，朝小孩的教室走去。

向導師打過招呼後，我走近他的座位，看了他的名牌，驚訝的發現——哇，他的名字，竟然就是我個案的名字！

原來，他就是那個因為身體羸弱而一直在家休養，從開學到現在都還與我素未謀面的小孩呀。

我喜出望外，回潛能班後，忙著從個案資料中找到他媽媽的聯絡方式，並告訴他，好巧，我是今天早上的導護老師，同時也是孩子在潛能班的個管老師。

他媽媽得知後也好驚喜，說他們來學校的次數不多，但就在這屈指可數中遇見了我。

彷彿冥冥之中，我們就是注定會交會。

Namaskar，不是因為你是我的個案，我才看到你，而是因為我想成為用「心」去認識他人需求的人；Namaskar，不是因為我是特教老師，我才看到你，而是因為羊羊的內在靈魂，就是到哪兒都會把孩子放在心上呀。

投入瑜珈遊戲

這個小孩叫做樹懶男孩，患有罕見疾病，所以長期接受住院治療，雖然動作慢慢的，反應也呆呆的，像極了樹懶，但性格也如同樹懶樂觀，面對自己可能不久即將離世的命運，絲毫不怨懟，只想珍惜身體狀況好、能來學校與同儕相伴的時光。

正因為能來學校的時間不多，所以每次只要樹懶男孩來上我的課時，我都千方百計的想增加他的生活經驗，以及他和其他孩子互動的機會。

印象最深刻的，莫過於瑜珈課了吧。

「小朋友，今天是大樹婆婆一年一度的生日，我們要一起去魔法森林裡幫他慶生噢！在出發之前，我們要一起說一句魔法咒語，Namaskar！」

說完咒語後，我一邊放著輕快的音樂，一邊搖著鈴鼓，帶著孩子們在知動教室中走走跳跳，一方面認識環境、一方面舒緩緊張。

「你們看！這是蘑菇，這是樹洞，這是池塘，這是果實。」我煞有其事的一一介紹著，頓時間，知動教室中的教具在孩子們眼中都變身了——半圓觸覺球變成了蘑菇，呼拉圈變成了樹洞，球池變成了池塘，而球池中的球則變成一顆顆果實。

「咦……那是誰呀？」走跳了一陣，我慢下腳步，側耳傾聽，孩子們也跟著我停了下來，「啊，原來是大樹婆婆的孫女，樹精靈，他要教我們玩一個遊戲，叫做『隱身術』！」

「當樹精靈搖著鈴鼓時，小朋友可以跑來跑去、動來動去，但當樹精靈拍兩下鈴鼓『咚咚』的時候，小朋友就要隱身，變成樹的樣子。」我示範著，「但因為這裡是魔法森林，所以樹不一定要直直的，可以是隨便的形狀。」

孩子們看到我站得歪七扭八還說自己是樹，紛紛笑了，迫不及待的開始四處跑動，等著鈴鼓發出咚咚聲，便能盡情施展自己的創意。

「哇，這是一棵帥氣樹。」我湊近在下巴比「七」的孩子道。

「這是一棵直挺挺樹。」我向直挺挺的孩子舉手行禮。

「還有一棵怪表情樹。」做著鬼臉的孩子不禁噗哧笑出來。

「有誰想要試試看當樹精靈嗎？」我高舉鈴鼓，讓孩子們輪流嘗試。

「終於，樹精靈帶我們到達大樹婆婆的地方了，大樹婆婆說……」我故意咳嗽兩聲，裝成老人的聲音，「小朋友，聽說我的孫女樹精靈教了你們『隱身術』啊？」

孩子們點頭如搗蒜。

「那我也想和你們玩遊戲。」我邊說，邊將蘑菇鋪在地上，「等一下我說『一二三……隨便樹』，你們就要站到蘑菇上，長成隨便一棵樹的模樣噢！如果被我看到你動了，就要從最後面重新來過，看誰可以第一個抵達終點。」

我邊說邊示範，因為蘑菇是半圓體，孩子們看到我搖搖晃晃的樣子又笑了，忍不住起身站到起點，一臉躍躍欲試。

雖然只是「一二三木頭人」的變體，並且和前一個遊戲相同都是變身成樹，但多了平衡和衝刺的目標，孩子們依然覺得很新奇。

我和孩子們輪流當大樹婆婆，後來竟然演變成還有「大大樹」「小小樹」等一些指定的動作，讓我不得不佩服孩子的創意和默契。

從動態轉向靜態

「咳咳……」我又裝成大樹婆婆的聲音，搖著鈴，暗示劇情要推進了，活動也要前往下一個階段，孩子們自動自發的捱近我身邊。

「謝謝小朋友跟我玩這麼好玩的遊戲，不過……」我搔了搔頭，「你們今天找我是為了什麼呀？」

孩子們面面相覷，突然，樹懶男孩想起來了：「啊，我們是要來幫你慶生啦！」

「對對對！」其他孩子連忙附和。

「那……我的生日禮物想要兔子花園的果實，可是兔子花園有很多樹洞，小朋友，你們跳得過去嗎？」我將呼拉圈一個個鋪在地上，最後連到彈簧床。

「可以！」孩子們齊聲喊。

我請一個孩子示範，一個圈用單腳跳，兩個圈用雙腳跳，最後在彈簧床上彈三下降落。

「每個人都成功三次，兔子先生說，他就願意給我們他種的『祝福果實』噢！」我說。

完成後，孩子們入戲的問道：「兔子先生，我們都完成了，請問可以給我們果實了嗎？」

「當然可以，可是……」我裝成苦惱的樣子，「這個果實必須要大家一起跳『樹之舞』才會長大，所以我需要你們的幫忙。」

我引導孩子圍成一圈，開始做「樹式」的體位法，活動也漸漸從動態轉向靜態。

「想像有一股力量，讓你向上伸展；想像有一股力量，讓你向下扎根。吸氣，吐氣，森林裡清新的空氣充滿你的全身……」和方才截然不同，現在的教室只散發出靜謐的氛圍，孩子們全然專注在自己的身心靈上，臉上的汗水也漸漸乾涸。

等孩子們心靜下來，我悄悄將手上的小球換成大球：「我們學會『樹之舞』了，所以『祝福果實』也長大了，你們想在果實裡加上什麼祝福，送給大樹婆婆呢？」

平安、健康、快樂……孩子們此起彼落著。

「大樹婆婆，生日快樂！」

記得此時此刻

我將輕快的音樂轉換成柔和的音樂，引導孩子們慢慢坐下、躺下，最後我將電燈關掉，孩子們也自然而然的閉上雙眼。

「深呼吸，吸氣，吐氣……」我們進入最後的冥想階段，「想像你們的身體，被一道溫煦的光芒環繞著，更遠的地方只有無聲無息的宇宙。」

我帶孩子們一起回顧今天的經歷，魔法森林、樹精靈、大樹婆婆、兔子花園、祝福果實……

「我們現在，應該是感到很滿足的吧？因為每一個活動，我們都很投入的參與。所以我們不要想著以前發生了什麼事，也不要想著以後會發生什麼事，我們只管活在當下，活在此時此刻，那就會像現在一樣，感到無比幸福。」

休息一陣子後，「如果你準備好了，可以動動你的手指頭、腳趾頭。」我將電燈打開到最微弱的光線，「如果你準備好了，可以輕輕的睜開雙眼……」

孩子們悠悠轉醒，露出掏空又填滿，悵然若失又如釋重負的表情。彷彿恍如隔世，好似被淨化了，沉甸而又輕盈的神情。

「還記得一開始的咒語，『Namaskar』嗎？」意思是我用「心」認識你，撇除你的長相、學歷、薪水、家世……一切世俗在乎的外在條件，我向你的內在靈魂致敬。當然，我用更簡單的方式詮釋給孩子們聽：「意思是無論你發生什麼事，羊羊老師都還是會愛你。」

「希望你們能記得今天無比幸福的感覺，走出這間教室後，依然會專注在眼前的事物上，活在當下。Namaskar。」

結束後，樹懶男孩洋溢著笑容對我說：「老師，今天好好玩噢！」

羊羊老師の悄悄話

望著樹懶男孩晃晃悠悠離開的背影，我想著，瑜珈真的好神奇呀，每個孩子都能從練習瑜珈的過程中學到些什麼：

過動的孩子能夠閉眼躺著長達十五分鐘，睜開眼後還陶醉的告訴我：「老師，我剛剛有跟著你說的故事一起飛！」

憂鬱的孩子說他每次下課後都全身舒暢，心情也變得開朗了，甚至還聽他鼓勵新來的同學：「沒關係，你做到你可以的程度就好，羊羊老師也是這麼教我的。」

還有認知不足的孩子，為了與被我「擬人」的布偶互動，努力思考、回答出平時說不出的答案……

瑜珈（Yoga）梵文原意為「合一」，它不是運動鍛鍊，亦不是宗教信仰，而是一種狀態——身體、心緒、靈魂透明澄澈合而為一的狀態。

希望樹懶男孩能在瑜珈課中，憑藉著體位法與冥想法舒展到身心，並交到更多朋友；也希望他能無畏前方風雨，永遠活出瑜珈此時此刻的精神。

感統遊戲彙整

15 葉子男孩 真正明白學習的意義

葉子，是不會飛翔的翅膀。——阿桑《葉子》

葉子男孩是有學習困難的孩子，國語課，他寫不出文字；數學課，他算不出數字。

所以他常讓我想到這首歌的這句歌詞，因為在主流的世界中，他似乎無法飛翔。

昨天，葉子男孩一邊抄寫著功課，一邊負能量滿點的在抱怨，沒想到我隨口一句的提問，竟讓我們開啟了一場深度的對話。

「你很討厭寫功課，為什麼還是乖乖寫呢？」

「沒辦法，來學校就是要學國語、數學呀。」

「為什麼來學校就一定要學國語、數學呢？」

「因為這樣才會國字、會算術呀。」

「為什麼一定要會國字、會算術呢？」

「因為這樣才能出社會呀。」葉子男孩說，「如果我不會國字、不會算術，就沒有老闆要雇用我；如果沒有老闆雇用我，我就沒有薪水；如果我沒有薪水，我就會餓死。」

「哇，」我驚豔道，「原來這些你都懂啊。」

「我都懂啊，所以國語、數學我都會乖乖寫功課。」他說，「但我不懂為什麼學校要有音樂課欸？」

「嗯……你不喜歡音樂課喔？」我問，葉子男孩點點頭，「那我問你喔，你希望你以後的工作，是你有興趣的，還是你沒興趣的？」

「有興趣的。」

「那會不會有些小朋友，他們的興趣是音樂，以後的工作也想做跟音樂相關的呢？」我引導道，「所以學校才廣大提供各方面的課程，讓所有小朋友都有機會嘗試各個不同的領域。」

「那就有興趣的人去上，沒興趣的人就不用去，不就好了？」

「你的問題很棒欸，」我讚許的說，「的確上大學以後，每個人都可以挑自己有興趣的科系去讀。但是在高中以前，人們都還在嘗試階段，可能有些人是一開始覺得很有興趣，後來愈學愈覺得無趣；也有可能有些人是一開始覺得無趣，但後來愈學愈覺得有趣的。每個人的學習歷程都不一樣，所以學校才讓我們在高中以前都還有時間和機會探索。」

「那……可以教基礎的就好，為什麼後來要教到很難，變得很有壓力呢？」葉子男孩嘆了口氣。

「因為學習每個事物都是這樣的，一開始都很輕鬆，很好玩；但一旦開始有壓力，就不好玩了。這個時候，如果你還願意為了學習它而承受壓力，這才叫做真的有興趣。所以變得很難，是為了讓人們更了解自己，是不是真的深愛這個事物，真的願意為了它而克服萬難。」

「是有道理啦……但我還是討厭音樂課，討厭吹直笛。」葉子男孩不好意思的搔了搔頭。

「那也沒關係。」我微笑的說，「就像我們在寫選擇題的時候，要把正確的選項圈起來，也要把錯誤的選項劃掉一樣。發現自己不喜歡的事物，就像劃掉錯誤的選項，是為了更篤定在其他的可能之中，有我們要的答案。」

葉子男孩露出若有所思的表情。

不一會兒，他道：「老師，我想當電競選手。」

「我知道呀，你之前有說過。」我回，「但怎麼突然提起這個？」

「當電競選手，除了國語、數學，也要念英文嗎？」他提出疑惑。

「不一定。」我想了想，「如果今天美國有最新科技，能讓你的電玩能力變得更強，你會願意為了它，克服你不喜歡的英文嗎？」

葉子男孩皺起眉頭苦惱。

許久後，他答：「會吧。」臉上的表情一掃稍早的陰霾，露出萬里無雲的陽光，「如果我願意為了它而克服我不喜歡的英文，那我對電競選手這個工作，就是真愛了。」

是的，孩子，往夢想的路上，不會都只是自己喜歡的事。

為了堅持自己的喜歡，而扛起所有的不喜歡，或許，這才是夢想最偉大的地方。

「老師，從來沒有大人跟我說過這些欸。」離開教室前，葉子男孩一派燦爛的對我笑道。

讓葉子飛翔

期中考後，葉子男孩有點失落自己考得不好，我想正好也趁著進度不那麼趕的時候，帶一堂平板融入教學的課程。

「前陣子 Facebook 上流行一個話題，叫做『我可能令你很意外的 Point』，意思就是有些關於你的事情，說出來可能會令人很意外。」

「舉例來說，羊羊老師前年有通過考試，成為合格救生員。」我說。

「哇，老師你很會游泳喔！」孩子們很訝異。

「還行，嘿嘿。」我揭開第二行續道，「第二個是，我曾經去做過水晶治療，得知自己前世是水精靈。」

我稍微解釋了靈魂不滅、投胎轉世等概念，孩子們聽得目瞪口呆。

「最後一個是，羊羊老師身上一共有五個刺青。」

「有五個喔！我只有看到兩個……」孩子們邊指邊數。

「還有三個被衣服擋住了，夏天可能比較看得到。」我說。

「為什麼要刺這麼多個？」

「每個刺青都有故事，以後有機會再告訴你們。」我微笑，「怎麼樣，聽完有沒有很意外？接下來換你們想自己會令人意外的 Point 了！」

孩子們看我拿出平板，都興奮得躍躍欲試。

「老師，我寫『樂於助人』，因為上次我去清理嘔吐物，你說我很樂於助人。」哇，原來孩子真的會把大人不經意的一句讚美，放在心上呀。

「可是你樂於助人，不會讓我很意外呀？」我說。

「但同學跟班導覺得很意外呀，他們通常只覺得我很愛生氣而已。」

唉，也是，畢竟情障孩子，生起氣來總是判若兩人，「而我的座右銘是『塞翁失馬，焉知非福』。我希望用這句話提醒自己，倒楣之後也許會有好事發生。」

「老師，我也完成了！」葉子男孩說，「雖然我成績不好，但同學跟班導都覺得我跑步很快！電腦課時也覺得我打遊戲很強！」

「對欸，而且一開始還沒教到你時，我也以為你的脾氣不好、都不說話，沒想到到現在已經半個學期過去了，我都還沒看到你發過任何一次脾氣欸。」我回。

「永不放棄……這也是真的。」我看著葉子男孩的座右銘，點點頭，「期中考對你而言雖然很難，不過你還是堅持到最後，都沒有放棄。」

「你們知道為什麼老師要帶你們做這個嗎？」我問。

他們搖搖頭。

「還記得老師之前說的，學校提供各方面的課程，讓所有小朋友都有機會找到自己的興趣嗎？」

「噢，老師是不是想讓我知道，雖然我可能不擅長也不喜歡讀書，但除了成績以外，我仍有許多好的地方？」葉子男孩問。

「沒錯！」我欣喜他的領悟，「所以吶，孩子，考不好也請別灰心，世界之大，一定有那麼一隅，不偏不倚，正是適合你綻放的舞臺。」

我想起阿桑的《葉子》裡唱道：「葉子，是不會飛翔的翅膀。」但它的下一句是：「翅膀，是落在天上的葉子。」

如今更明白學習意義的葉子男孩，如果放到屬於他的位置，勢必也能成為翅膀，展翅翱翔吧。

羊羊老師の悄悄話・・・

有些孩子到了某個年紀，開始會討厭學習，並質疑學習的意義，「好不想學喔」「學這些有什麼意義」諸如此類。

面對這樣的靈魂拷問，我們除了告訴孩子「每個人都要學」「我們小時候也是這樣」以外，有沒有可能和孩子來一場深度對話？

相信唯有真正明白學習的意義，孩子們才會打從心底的願意去學習吧。

輯三／人際關係的傷

16 天使姐妹
缺點也可以是優點

天使姐妹是一對人見人愛的雙胞胎，姐姐較安靜、妹妹較活潑，但兩人都一樣善良。

這對天使姐妹因為記不住我的全名，只知道我姓「楊」，所以叫我「羊羊老師」，而這個名稱我也沿用至今。

天使姐妹因為步調較慢，所以同儕有意無意的會嫌棄他們，雖然溫柔的他們不以為意，但我看了總有點心疼。

「喂，換你了啦！」

每次玩桌遊輪到天使姐妹其中一人出牌時，一定會聽到同學略帶不耐的這麼提醒他們。

我觀察幾回合後發現，原來是因為天使姐妹的認知資源始終只夠放在自己的牌卡上，因而忽略了大團體的節奏。

一邊留心他人的舉動，以及一邊思索自己的策略，這樣來來回回的能力叫做「交替性注意力」，也是孩子能夠「輪流」的基礎。

為了讓天使姐妹更能與大家順暢的遊戲，我決定帶孩子們玩桌遊《作弊飛蛾》，希望能讓同儕們看見他們的美好。

在遊戲中被同儕接納

「這套桌遊怎麼玩呢？就是先把手中的牌出完的人獲勝。」我說，「數字牌一共有1到5號。如果中央的棄牌區數字是3，下一個人就只能出2或4；如果中央的棄牌區數字是4，下一個人就只能出3或5。」

「只能出加一減一嗎？」其中一個孩子問。

「對！」我接著問：「那如果中央的棄牌區數字是1，下一個人就只能出……？」

「5或2！」

「沒錯！而如果你沒有可以出的牌，就要從抽牌區抽一張牌，放入手牌中。」

我先帶孩子們玩了一輪，等大家都熟悉加一減一的出牌規則後，再加入「作弊機制」與「守衛蟲」。

「剛剛我們出牌的方式是加一減一，現在我要再教你們另一個出牌方式，叫做『作弊』！」

聽到作弊，孩子們的眼睛亮了起來。

「譬如說，我可以趁大家不注意時把牌藏到抽屜裡啦，或是趁大家不注意時丟到地板上……」我邊說邊示範，惹來孩子們哄堂大笑。

「但是你們要小心，作弊時不能被『守衛蟲』發現。如果被發現了，就只能把作弊的牌放回手牌中了。」我拿出「守衛蟲」牌卡問道，「那誰要先來試試看當守衛蟲呢？」

我請能力最高的孩子先當守衛蟲，而在每次守衛蟲換人時，我都會訪問前一位守衛蟲：「我發現你能一邊觀察別人的動作、一邊思考自己的牌卡，你是怎麼做到的？」讓天使姐妹有楷模參照。

「我發現你好快就抓到作弊的人了，你是怎麼做到的？」又一次，我問。

「眼睛不要離開別人就好了！」當守衛蟲的孩子回答。

「真是好方法！天使姐妹，你們有聽到嗎？」等姐妹倆和我對上視線，我續道：「現在換你們當守衛蟲了，記得要緊盯他人，才能抓到作弊的人噢！」

待遊戲結束，孩子們紛紛得意的亮出自己作弊成功的牌卡，天使姐妹因為不知道輪到自己而被提醒的次數，也從每一回合一次，降低成每五回合一次。

有趣的是，最後當我詢問：「你們最喜歡誰當守衛蟲？為什麼？」時，大家全都異口同聲的回答：「天使姐妹！因為他們管得最鬆，我們最容易作弊成功！」

聞言，天使姐妹也不禁露出靦腆的笑容。

試想：如果每回合都由老師或同學提醒天使姐妹專心，那氣氛肯定會很煩躁吧。不如反過來利用遊戲的機制，不但能讓天使姐妹的交替性注意力困難在不知不覺中進步，這個特質也能在不知不覺中被同學包容。

誰說缺點一定要全改呢？只要放對了位置，缺點也正是優點吶。

幫助的兩難

天使姐妹一直到畢業後三年，我們都還持續有聯繫。我們寒暑假會約出來吃飯、看電影、玩密室逃脫，只是他們升高中職後，慢慢有了各自的交友圈，所以聯繫的次數，也漸漸少了許多。

但昨天晚上，我忽的想起他們了。當時我和朋友們去西門町，遇到一個在兜售芭樂的婆婆，牌子上寫著一包五十，籃子裡剩下三包芭樂。我不假思索掏出一百五，買完、婆婆離開後，朋友說：「那些人很多都是騙人的吧。」

我看著朋友，淡淡一笑。

幾年前，我和天使姐妹出門，遠遠我們就看到有個蓬頭垢面的街友趴在地上，不斷磕求路人投錢在他前方的碗中。

過客熙來攘往，沒有人駐足，我本也想拉著天使姐妹繞道，沒想到他們卻早我一步抬起頭，問道：「老師，我們可以去給那個人一些錢嗎？」

「可是……」

我想起以前大學時搭客運從新竹回臺北下車的那站，也曾遇到一個雙眼失明的婦女，衣衫襤褸的問我，他的眼睛不方便、錢也不夠搭公車，能否給他一百元？

我二話不說從皮夾抽出紙鈔塞到他手中，並陪他等到公車來，臨行前看著他激動的向我揮手道別，我心中洋溢著無以言喻的溫煦。

我一路蹦跳著回家，想趕快和爸媽分享這份喜悅，然而——

我卻被罵了。

「哎唷，那些很多都是假的啦，你怎麼會相信呢！」

「對啊，下次不要幫了，浪費錢！」

可能是不捨女兒的善心被利用，爸媽基於好意所說出來的勸戒話語，卻句句猶如針刺，扎在我心上。

「……是這樣嗎，難道不會有真正有需要的人嗎？」

隔週客運下車時，我竟又撞見那位失明婦女，同一地點、同一時間，用著同套說詞向正在等公車的人要錢。

「原來爸媽說的是對的！」被欺騙的怒火油然而生，我飛快的在手機記事本打上兩行字，走向前遞給正在被騙的路人看：他上次也跟我說過一模一樣的話。不要被他騙了。

對方讀完，點點頭，用唇語說他知道了。

我鬆了口氣，連忙飛奔回家告訴爸媽，想著這次終於做對了吧，然而──

我還是被罵了。

「哎唷，那些人背後很多都有龐大的集團在指使他們，你這樣做很危險啦！」

「對啊，下次不要再這麼有正義感了，裝沒看到就好了！」

「……這樣啊。」

我邊回答，邊感覺自己緩緩墜跌。

從此以後，走在路上，我都會刻意避開這樣的情境，因為我不想讓自己陷入想幫忙、卻又想設防的天人交戰。

時隔多年，站在天使姐妹身旁的我，此時此刻，竟也成了要教導他們冷漠與堅硬的角色。竟也成了當初要傷害自己的人。

「可是……」話語未落便因噎在喉，我霎時憶起自己也曾是天使姐妹的角色，滿腔的熱情與柔軟，卻在得知真相後盡數毀滅。

我嘆了口氣。

「嗯，你們想去，就去吧。」

他們相視而笑，從皮夾掏出兩枚五十元硬幣，一人握著一枚，小心翼翼的走上前，放進街友前方的碗中。

兩枚硬幣在碗中碰出清脆的聲響，破爛的碗頓時成了莊嚴的許願池。

天使姐妹奔向我，臉上閃閃發光，而我則報以曾經我也最希望得到的微笑。

往後餘生，每當我看到路旁有行乞者，都會想起天使姐妹虔誠的閉著眼，雙手合十許著願，在那個陽光燦爛的午後，熠熠生輝。

你們猜，許願的時候，我們許了什麼？

天使姐妹許的，不外乎應該是街友能夠安歇。而我許的則是未來哪天，即使知曉寒霜，我們單純的靈魂依舊能夠赤誠燃燒。

願我教出來的孩子，都能心靈富足的願意給予。也都能豐饒的不害怕失去。

羊羊老師の悄悄話・・・

「所以後來的我決定，即便知道他們有些是騙人的，也還是會伸出手。」

我和朋友捧著三包芭樂，走到西門町的夾娃娃機前，櫥窗內是我喜歡的飛天小女警花花。

「寧願有時被騙，也不願錯失任何一個可以幫助真正有需要的人的機會。」我將十元投進機臺，「再說被騙那幾分錢，我也還承受得了。」

「好吧。」朋友看著機臺內的爪子啟動，夾空，再回到原點，續道：「反正善也有善報嘛。」

奇怪的是，回到原點的爪子沒有停止的跡象，我們疑惑的低頭望向機臺螢幕，豁然開朗——

「七百元保證夾取。」

我們相視而笑。

原來善有善報，是真的。

實用桌遊彙整

17 長髮女孩在愛裡恣意妄為

長髮女孩有著一頭又黑又直又漂亮的秀髮，笑起來眼睛彎彎的，令人感覺親切又溫柔，而他確實有著貼心的一面，然而有時又一反外表給人的印象，也有著較為乖戾的一面，而後隔天又恢復平時柔軟的模樣，真是時常讓我丈二金剛，摸不著頭緒。

長髮女孩幾乎每天早上都會在進教室前，專程跑到資源班來跟我道早安；三不五時會做小卡片、小工藝送我，也時常來和我撒嬌、討抱等。但態度時好時壞、大起大落的樣態層出不窮，例如：他喜歡和同學打鬧，即使同學已經表達不喜歡了，他仍會繼續，且當我制止，請他對人友善時，他會回嘴：「老師你又不是人！」

反覆折騰了一陣子後，我決定用較為具體的方式讓他明白——他的言語、情緒及行為，都會傷人。

不讓彼此的心受傷

下課時，我請長髮女孩到我的座位旁邊：「今天羊羊老師想告訴你一件事。」長髮女孩好奇的歪著頭，看著我手上的道具：我一手拿著空的寶特瓶，一手拿著水壺。

我一邊將水壺中的水倒入寶特瓶，一邊說：「這是我的心，而這是你給我的愛。」等水完全裝滿，我續道：「當我的心是完整的、沒有受傷的時候，可以裝得了你給我的愛。」

我將水倒回水壺中，輕輕放在桌面上，接著拿出一盒圖釘。

「但是你每次傷害我，都像拿武器在我心上開洞。例如：我提醒你同學不喜歡你打他時，你卻說我不是人，就會讓我受傷。」我邊說邊在寶特瓶上用力扎上圖釘，「砰」的一聲。

「現在換你想想，你做什麼事會讓我受傷？說一個就戳一個。」我將整盒圖釘放在長髮女孩面前，他開始不自在的用手指捲著髮尾。

「罵髒話的時候。」砰。

「騙老師沒有吃早餐，跟老師要早餐的時候。」砰。

「說謊比較嚴重，會傷害我比較多，所以要兩個。」我補充，再幫他扎上一個圖釘。

幾輪後，寶特瓶扎滿圖釘，著實有點感慨，長髮女孩其實都知道哪些是我不喜歡的行為，卻一犯再犯。

看著千瘡百孔、扎滿圖釘的寶特瓶，他開始退縮。

「瓶子看起來好痛，對嗎？」他點點頭。

「那羊羊老師的心呢？」他安靜了下來。

「還要再戳嗎？」我指指圖釘，長髮女孩連忙搖頭。

「那來跟我道歉和彌補吧。有跟我道過歉的事件，都可以拔掉兩個圖釘。」

「老師，為什麼傷害你是戳一個，道歉卻可以拔兩個？」他問。

「因為我愛我的學生，所以只要學生很有誠意的道歉、也答應我會改變，我都能很快的原諒你們。」

「而且有時候道歉不一定要用說的，想一想，你也曾做過什麼事，表達自己對不起、想彌補？」

「做卡片……還有抱老師！」長髮女孩靈光一現道，「老師，那抱抱可以拔掉三個嗎？」

他千方百計思考五花八門的彌補方式，只為了多拔掉一些圖釘。

「圖釘拔完了，你又愛我了。看好了，這是你給我的愛。」我說完，將水倒入寶特瓶，但這次因為瓶身上有破洞，想當然耳，水流如注。

「可是當我已經被傷得很深，還有力氣裝得下你的愛嗎？」長髮女孩錯愕的看著我，竟然真的讓水流到桌面上。

「如果愛都流光了，我的心還會有力氣愛學生、給學生愛嗎？」水愈積愈多到桌面。

「該怎麼辦？」我問。

此時，長髮女孩竟然做了件至今想起，都仍令我熱淚盈眶的事：他很努力的用他那一雙小手，想從瓶底堵住、接住那些正在流逝的愛。

讓愛更溫柔敦厚

待瓶子的水都流光了，我默默的用抹布擦拭桌面，長髮女孩則安靜的在一旁。

清理完後，我淡淡的問：「你想要羊羊老師的心，變成那樣嗎？」

他搖搖頭。

「是不是一開始不要扎洞就好了？」我嘆氣，「你要知道，你的言語、情緒及行為，都會傷人，而且不只我會受傷，同學也會。」

看著長髮女孩凝重的表情，我想點到為止。

剛好上課鐘響了，我最後問他：「要抱一個和好嗎？」原本都會急著去上科任課的他，竟然留了下來，我都還沒準備好，就飛撲了過來。

我邊摸他的頭，邊想著他儘管傷害我，卻又在其他老師面前說喜歡我、要跟我分享東西，又願意主動留下來抱我，心中不禁百感交集。

也許正是因為愛著、深信我不會離開，所以才敢在我面前恣意妄為的吧。而你也確實答對了，羊羊老師就算再累，也沒想過要放棄任何學生。

關於愛，我們都還在學習。對我而言，愛一個人，是要用適合對方的方式付出；就像教育，不同孩子也有不同方式。

六年是不短的時光。我看著你們長大，你們也看著我成熟，一個人的稚嫩和綻放，一個人的高峰和低谷，都有人完全知悉，都有人陪你一路走來。

是何其美好的事。

所以好好說，好好原諒，好好去愛。就像，不曾受過傷一樣。時間只會讓老師的愛，變得更加溫柔敦厚。如此無須證明，如此不證自明。

所以也請你不要放棄，好嗎？

身教重於言教

長髮女孩逐漸懂事，幾乎不再有傷害他人的舉止。

一日，他進來我的教室，我驚訝的發現他原本及腰的長髮，竟然剪到了耳下。

「哇，你剪短頭髮了！」我驚呼。

聞言，長髮女孩竟然嚎啕大哭了起來：「我長頭蝨，所以阿嬤帶我去把頭髮剪掉了！」

看他趴在桌上哭得那麼傷心，我連忙安慰道：「頭蝨如果有去看醫生、乖乖擦藥，就會好喔，別擔心。然後我覺得你剪短也很可愛啊。」

我靈機一動，打開電腦螢幕，打算讓他看我兩年前小腿長濕疹的照片。

「你看，羊羊老師之前小腿也長濕疹，也是乖乖看醫生擦藥，現在就好了！」我捲起褲管與照片比對，長髮女孩這才慢慢抬起頭，臉上仍佈滿淚痕。

「而且新長出來的皮膚還比原本的好。所以你的頭蝨不只會好，新長出的頭髮說不定也會比原本的漂亮哦！」

長髮女孩終於平息下來，吸了吸鼻子問：「真的嗎？」

「真的──」我笑道，心裡暗嘆：「長髮女孩真是視髮如命呀。」

就這麼過了一陣子，歲月荏苒，長髮女孩的頭髮長回了原本的長度。

而我則是與他恰恰相反，我先預告孩子們：「羊羊老師今天要去捐髮哦！」然後隔天頭髮瞬間少了四十公分。

看著我嶄新的髮型，長髮女孩傻眼的問：「老師，你真的去捐髮喔？」彷彿不相信世上會有人願意把珍貴的頭髮平白無故送給他人。

「對呀。」我雀躍的說。

「為什麼要捐髮啊？」他仍難以置信的問。

「捐出去的頭髮可以做成假髮，給沒有頭髮的人戴呀。想想看，哪些人沒有頭髮呢？」

「韓國瑜嗎？」

「不是啦，」我噗哧一笑，「通常是給癌症的小朋友啦！」

長髮女孩若有所思的看著我。

安靜思考了好一會兒後，他露出淺淺的笑容：「老師，你好好喔，我看那我也去捐好了！」

「我覺得羊羊老師的頭髮很漂亮。」

「只要羊羊老師把頭髮剪掉，我就會哭。」

長髮女孩曾這麼說過，然而我相信無論長髮或短髮，他都會覺得我的心很美麗。

故事的最後，那麼愛惜自己頭髮的長髮女孩，真的也履行捐髮了。

透過「身教重於言教」的實踐，我始終相信親身示範遠比口頭說明，來得更有說服力，畢竟教育一直都是用生命影響生命的歷程。

願孩子和我們都能成為，更美好版本的自己。

羊羊老師の悄悄話

有時在和孩子相處的過程中，會覺得詫異：為什麼這麼簡單的事，你卻不會呢？當然有時也會覺得驚豔：為什麼這麼成熟的事，你卻懂呢？

有時孩子今天軟言軟語說愛你，隔天卻又一百八十度大翻盤，說的每句話、做的每件事都鋒利的刺傷你。

儘管老師都有堅強耗盡的時刻，可我還是依然深信：真正的愛是即便也有傷害得很深的時候，也還是能原諒，也還是能陪伴彼此，往更幸福的方向前進。

看著一個個純白的生命來到眼前，他們無條件的愛我們、相信我們……而一無所有的我們，又能回以什麼呢？

想來想去，好像也只剩愛了吧。膽怯的愛，勇敢的愛。脆弱的愛，堅強的愛。我們只剩愛，能毫不遲疑的給孩子了。

於是，愛讓我們有了軟肋，也有了鎧甲。

18 蠟筆男孩在人群裡放心做自己

蠟筆男孩是新移民之子，母親是越南人，受到語言的影響，他在普通班跟不上團體節奏，經常是獨自一人。因為語言不通，蠟筆男孩只好埋首畫畫，這也就是為什麼我稱呼他為「蠟筆男孩」的原因。

儘管擅長畫畫，蠟筆男孩卻覺得同學一定認為這沒什麼，所以只敢怯怯與我分享、默默將他畫的寶可夢畫作送給我。

但我不這麼認為。

我將那些令人驚豔的作品貼在資源班的走廊上，並且特別留意選在小朋友視線的高度，最後標上他的班級姓名，資源班的走廊，頓時成了蠟筆男孩的畫展。

隔天不出所料，路過的小朋友都好奇的湊過來觀看。

「這是小畫家花了好久的時間畫的哦！你們可以在自己覺得最喜歡的作品上，貼一個紅點點。」我順勢發下紅色圓點貼紙，讓小朋友票選。

小朋友興奮的交頭接耳，議論紛紛。

「老師……？」正好要來資源班上課的蠟筆男孩，看著他的畫作被大家圍觀，臉上的表情不敢置信。

「早安，小畫家來囉！」我把蠟筆男孩拉進人群中，讓他一一接受小朋友的提問與讚美。

我想起自己曾聽過一個故事：

「一天，畫展來了一個男人。這個男人看畫時，每到一幅畫前，便會蹲一次蹲馬步，工作人員覺得很奇怪，但因為他沒有妨礙別人，因此也就沒有多問。

隔天，男人又出現了，但這次他帶了一群穿著制服的小學生。

工作人員才明白，原來昨天男人蹲馬步的高度，正是這群小學生的高度啊！原來這位老師，是在練習用孩子的視角看世界啊！」

這個故事被我遺忘很久了，是在看到蠟筆男孩又驚又喜的表情後我才又想起。

然而說不定正是因為曾經聽過這個故事，這樣愛的方式才能夠在心底悄悄扎根，這樣愛的舉動也才能在爾後被不知不覺的重現吧。

不久後，人潮漸漸散去，蠟筆男孩向我走來，臉上堆滿笑容，我想起他曾對我說過：「想被人喜歡、想讓人的目光停駐，就得變得優秀。」

那時我回他：「你不用優秀，也值得被看見啊，因為你一直都是這麼努力。」

不曉得現在的蠟筆男孩，有沒一點點體會這句話的意思？

「喏，你也去貼一個你自己最喜歡的吧！」我遞出紅色圓點貼紙，蠟筆男孩接下，突然他靈機一動，露出調皮的笑容。

只見他向前走了一步，伸出手，把紅色圓點貼紙，貼在我的額頭上。

「我喜歡這個。」他燦爛的說。

帶孩子實踐多元共融一年後的蠟筆男孩變得比較外向，當國語課課文上到〈幸福春捲香〉時，他甚至主動跑來問我：「老師，我們家就是賣越南料理的，如果我帶一些材料來，可不可以讓我教資源班的小朋友做生春捲？」

我喜出望外，也覺得藉著準備過程，蠟筆男孩一定能收穫許多，因此不假思索的答應了。

我帶著蠟筆男孩做了簡報，內容從生春捲與寒食節的由來、越南的地理位置，到越南女生嫁來臺灣在生活中會遇到的困難、新移民之子會遇到的困難，最後再介紹簡單越南語和生春捲製作流程。

蠟筆男孩負責回家採訪媽媽來臺灣生活的心得，我則負責到平常常光顧的一家越南料理店，向親切的老闆娘詢問生春捲的製作流程及購買部分材料。

到了課程當天，我請蠟筆男孩向大家介紹越南語，以及生春捲的製作流程。

蠟筆男孩按部就班的教我們：首先把麵皮沾濕，但不能太濕因為會太軟，也不能太乾因為會太硬；接著包菜，可用萵苣、豆芽菜、九層塔等，自行斟酌；然後包米粉和肉，可用水煮肉絲、蝦子、炒肉等，也是自行斟酌。

最後，包好餡料後，捲捲捲，再沾上越南特製魚露醬，即可大快朵頤了！

課程尾聲最令我感動的，莫過於小朋友們舉手發表的心得：「老師，我原本覺得越南人黑黑的講話又大聲，很討厭，但現在比較認識他們，好像也就沒有那麼討厭了！」

我不禁啞然失笑，其實羊羊老師也是呢！

在去採訪老闆娘之前，我從沒想過對於非親非故的客人，他們竟能如此掏心掏肺的分享，讓我不禁慚愧起，先前對東南亞先入為主的偏見。

「當你真心渴望某樣東西時，整個宇宙都會聯合起來幫助你完成。」如果不是這次，我也不會有所成長。教與學，果然相輔相成。

我問小朋友：「好吃嗎？」

他們現學現賣：「Ngon!」（註：Ngon 為越南語「好吃」之意。）

一切辛苦都頓時在看到小朋友心滿意足的神情後──值得了。

用烘焙共創回憶

蠟筆男孩當我的小幫手，當出了自信，因此在他六年級那年，整年的特殊節日，我都帶孩子們上應景的烘焙課，一來我想給蠟筆男孩發揮的空間，二來我想在他們畢業前共創美好的回憶。

例如萬聖節時，我們曾一起做過布丁、餅乾、眼球果凍；聖誕節時，我們曾一起做過薑餅人、抹茶蛋糕……我也會請孩子多拿一份回去給他們辛苦的班導，一來表示孩子愛他們，二來表示我謝謝他們。

「做得比較漂亮的，你們想要給自己還是給班導？」

「給班導！」孩子們大聲回答，我聽到都融化了。

而有一次幾個孩子忘記帶回去，我拿去給班導時，竟然發生了好笑的事。

那時一群班導在同間教室聊天，看到我帶點心來發送，忍不住驚呼。

「哇，你會做餅乾噢！好賢慧，你男朋友一定很幸福！」一個老師道。

「我還沒有男朋友……」我不好意思的笑了笑。

「那我介紹我老公認識的工程師給你好了！」他說，「啊……不行不行，工程師的腦袋都不太對勁，還是算了……」

另一個老師則說：「這麼厲害，你怎麼有這麼多時間做這些東西啊？」結果我都還來不及回答，他便拍手道：「噢！我知道，你單身嘛！」

讓我不禁想起稍早孩子們的對話。

「為什麼聖誕老公公都好胖？」

另一個小孩說：「當然胖呀，他每年都吃那麼多糖果欸！」

天啊，我和聖誕老公公，只不過是送個禮物卻都中槍，我們容易嗎（淚）？

又如冬至時，我曾和孩子一起煮過湯圓；夏至時，一起做過剉冰。

中秋節時，也曾一起畫過柚子。當時課堂快結束時，搭檔老師提醒孩子們：「要記得謝謝羊羊老師喔！」

「謝謝羊羊老師！」孩子們齊聲回答。

「謝謝羊羊老師什麼？」搭檔追問，想趁勢訓練孩子們的長句能力。

沒想到他們竟然異口同聲的喊：「謝謝羊羊老師長得很美！」

聞言，搭檔笑到崩潰，我也打趣的說：「那我只好謝謝我的爸爸媽媽了……」

我們把畫好的柚子晾在窗臺上，其他堂課的孩子看到都會聞一下，有個小孩甚至還愛不釋手的讚嘆道：「復仇者好香喔！」令我不禁莞爾。

營造愛的氛圍

「誰可以幫我丟垃圾？」「我、我、我！」

「誰可以幫我洗杯子？」「我、我、我！」

「誰可以幫我……」「我、我、我！」

每次辦這樣學科以外的活動，都可以看到特殊孩子的亮點，主動幫忙的啦、創意無限的啦、細心縝密的啦、賢慧能幹的啦、溫暖貼心的啦、大方分享的啦……

甚至有一次我瓶蓋轉不開，蠟筆男孩便順手接了過去：「老師我來。」然後不費吹灰之力轉開，整個男友力爆棚啊！

其實拉長遠來看，這群孩子真的進步很多，從畏縮到勇敢、從亂發脾氣到控制脾氣、從說謊到誠實、從卸責到負責……

看著蠟筆男孩終於在學校裡找到了歸屬感，我在心中默禱著：願資源班永遠是你們的棲身之地，你們的燈火闌珊。

「老師，我覺得幫忙好好玩噢！」忙完後，小孩露出滿意的微笑。

孩子們一邊享受成品，一邊聊起以前我們一起做過什麼吃的喝的。

「謝謝羊羊老師每次都幫我們準備很多好玩的課，可是這個會不會很貴，會不會花你太多錢？」

「謝謝羊羊老師每次都很用心教我們，每次在資源班時間都過得好快！」

曾經落寞，無論任何情感，好像只有我會寫網誌記錄；因此每當動態回顧時，好像也只有我會單方面緬懷。

可每次在孩子們不經意的話語間，發現原來他們也都還記得；這些我覺得的璀璨回憶，原來也被他們珍視珍藏。

思及此，胸口不禁暖烘烘的。

羊羊老師の悄悄話・・・

我覺得我自己也進步了，電磁爐、果汁機、烤箱、剪刀的使用都有危險性，本來我捨不得讓孩子們幫忙，後來卻發現他們其實很享受幫忙的成就感，所以現在我敢退到他們身後讓他們自己操作。

記得我教甄時評審問我的教育理念，我回答：「我希望孩子能站上自己的舞臺、綻放屬於自己的光芒。」

又問我有什麼特質適合當特教老師，我回答：「我有一雙看得見孩子亮點的眼睛，以及一顆感受得到孩子需求的心。」

而今即使考上正式教師八年後的現在，我依然能夠抬頭挺胸的說——我仍如實的在履行著當時的初衷喔。

19

蛋糕男孩
撕除不再屬於自己的標籤

孩子們在操場上撿到鳥蛋，爭先恐後的衝進教室，搶著要拿來給我看。

大家以為裡面會孵出小鳥，所以大部分孩子都盡可能放輕動作，唯獨蛋糕男孩，竟然邊笑邊想拿起來砸向地板！

當下我怒不可遏，直接對他咆哮：「那是一個生命欸，那我也這樣對你好不好？」

那是一顆好小的蛋，還透光看得到蛋黃。

一直以來問題行為不斷的蛋糕男孩，在被我的吼聲嚇到之後，眼眶泛淚。待他離開後，我才冷靜下來，反省自己這樣的做法，其實有需要調整的地方，畢竟我希望他是自己想到不能這樣做，而不是被我阻止才停下來的。

這些不是沒有人教過他，而是教了都沒有用，蛋糕男孩始終是學校大名鼎鼎的頭痛人物。例如：因為好玩而破壞別人的物品，對方對他生氣，蛋糕男孩卻覺得對方莫名其妙，絲毫不覺得起因在自己。

其他老師曾試過較極端的方式教導他，例如：蛋糕男孩將別人的鉛筆盒丟進馬桶，老師便也將他的鉛筆盒丟進馬桶。

蛋糕男孩大哭時，老師問他：「你喜歡鉛筆盒被丟進馬桶嗎？」他搖頭，老師又說：「就是因為別人也不喜歡鉛筆盒被丟進馬桶，所以才會對你生氣。」

那位老師之所以會這麼做，目的是希望蛋糕男孩知道後果後，能自發調整自己的行為，然而蛋糕男孩還是一犯再犯。

「沒有同理心」「反社會人格」等標籤，漸漸貼滿了蛋糕男孩，久而久之，大家覺得他很糟糕，對他退避三舍。

約。

把因果關係背起來

看到他每次面對行為後果時哭天搶地，我想起自己曾看過一篇心理學實驗的文獻：把老鼠腦的一部分取下，那隻老鼠將一輩子無法學會恐懼制約。

蛋糕男孩是不是也有點像這樣，大腦中缺少了某個部分，所以才永遠學不會因果連結？所以才會無數個老師勸導過他無數次，仍不見效果。

因此我做了一系列的教具，想讓蛋糕男孩記住「原因」與「結果」之間的關係，因為只有口頭上和他討論「設想後果」的成效實在有限。

這一系列的教具，共有三片色板，分別是：黃色、橘色與紅色。

搭配「第二版品格量尺」，黃色板表示黃燈行為，上面列出的是「沒做到本分，對他人造成負面影響」的行為；橘色板表示橘燈行為，上面列出的是「輕微傷害他人」的行為；紅色板表示紅燈行為，上面列出的則是「嚴重傷害他人」的行為。

而在這些列出的行為後方，還會標明建議，以黃色板的黃燈行為為例：孩子如果上課離開座位，我會將給他的建議「坐在椅子上」貼在黑板上他的姓名處，等他做出適當行為，我才會將黃牌撤除，亦屬負增強。

此系列教具有幾個好處，一是具預防性，視覺提示比口語規範有效；二是具矯正性，當發生爭執時，孩子能趕快依照「建議」採取適當行為，將傷害降至最低；三是具溝通便利性，當孩子又出現問題行為時，我只要說聲「ㄏㄡˊ」，所有孩子便會趕快轉向黑板上這三片教具，去尋找當下行為的歸類及修正方向。

最後一點，也是最重要的，因為對於一些特殊孩子而言，因果比較無法用「思考」出來的，所以此系列教具正好協助他們「背」起來。

有老師問：「是用什麼標準來決定哪個行為該分類在哪個燈色呢？」我的回答是：「每位教師在乎的價值不同，這樣的分類僅只於我自己的判斷。」

將這三片教具貼在黑板上後，蛋糕男孩的問題行為次數，在一週內明顯減少許多，不過我仍沒放棄想帶孩子練習「思考」因果，因此在他的問題行為減少後，我又增加使用了另一套教具。

陪伴孩子開始思考

這套《人際特質覺知卡》為四張一組的圖卡，共有十四組。

我拿出其中一組，請孩子們排序，他們合作排完後說出故事：「A嘲笑B很胖，B很生氣的撕破了A的書，老師知道後便請A道歉，也罰B寫悔過書和勞動服務。」

這其中有好多可以追問的細節，譬如可以從認知的角度詢問：「B明明是被嘲笑的人，卻也要被處罰，且處罰還比A重，你們覺得這樣公平嗎？」

「不公平！」有孩子不加思索便回答。

「很公平啊，」也有孩子開始思考，「A只是用嘴巴嘲笑B，所以用嘴巴道歉；而B則是用手撕破A的書，所以用手寫悔過書和勞動服務啊！」

或者可以從情意的角度詢問：「如果你是B，被嘲笑的心情如何？」

「我會很生氣！」

「我也會想跟B一樣報復，但可能只是罵回去！」

也可以從行為的角度詢問，帶孩子連結因果：「這四張圖中，哪一張如果改變了，結局可能也就改變了？」

「A不要嘲笑B就好了！」

「或者B不要撕書就好了……啊，可是會很生氣！」

「是呀，如果站在A的角度，不要做讓同學不舒服的事，同學就不會對你生氣，老師也不會處罰你了。」我望向蛋糕男孩，他一臉若有所思。

「而如果站在B的角度，別人嘲笑你，本來是別人的錯；但如果你選擇攻擊回去，這下子老師不只處罰A，很有可能變成也會處罰你了。」我說，「你是被嘲笑的人，原本已經夠生氣的了，結果竟然還要被處罰，這樣你們甘心嗎？」

孩子們搖搖頭。

「那該怎麼辦？」

「告訴老師，讓老師處罰A就好了，不要自己報復！」

「其他人覺得呢？」我問。他們認同的點點頭後，我便沒有特別再說什麼，因為孩子們已在團體的流動中，漸漸討論出了普世的價值。

「老師，那可以這樣排嗎？」蛋糕男孩將圖卡的第二和第三張交換順序，「A嘲笑B很胖，老師聽到了便請男孩道歉，但道完歉後B還是很生氣，於是撕破了A的書，結果被老師處罰寫悔過書和勞動服務。」

「可以呀，也很有道理欸！」我訝異僅僅是視覺呈現，蛋糕男孩就能排出標準答案之外的情境，且亦符合邏輯。

「那如果是這個版本的話，哪一張圖如果改變了，結局可能也就改變了呢？」

「A道歉時，順便送B一顆糖果就好了！」

我忍俊不禁，「是A道歉要更有誠意一點的意思嗎？」

「對！」孩子們興高采烈的道。

我莞爾，看來以後蛋糕男孩如果又出現問題行為時，教具不只能從行為上約束他，也能請他自己畫出四張一組的圖卡，從認知上改變他了。

生命教育這一課

那顆好小的蛋，後來因為生死未卜，我誠惶誠恐的從孩子們手中接下它，並且保證我會好好處理。放學後，我將裝著蛋的盒子，小心翼翼的捧在手裡，搭車的沿路都在查資料，看是要怎麼人工孵化，也打電話給鳥店、動物醫院看能怎麼辦。

所幸在幾經波折後確定是未受精的卵，可以放心埋進土裡了。

一年後，時序又從冬末來到初春。

一日早自習，我正在使用電腦輸入資料時，教室的窗戶突然「碰」的被撞了好大一聲，我猛然抬頭，快步走出教室一探究竟，只見一隻鳥兒仰躺在地上動也不動。

因為去年撿到鳥蛋已做足了功課，知道若是再撿到鳥類相關的生物，可以很快的用 Facebook 社團《台灣野生鳥類緊急救助平台》了解情況。

我依照指示捧起鳥兒，發現牠頭部癱軟，推測頸椎已骨折；再依照指示用滴管餵水與吹暖氣，卻毫無動靜，雙眼也呈半開狀態，雖鳥喙未出血，但根據資料仍可推測已死亡。

這就是所謂的「窗殺」，鳥類沒看到玻璃一頭撞上以致死亡，很像人類的「車禍」。最後我上「台灣路死動物觀察網」填報，得知下次預防窗殺，可布置窗簾或在玻璃上貼貼紙。「上週才聽好多小孩說一直看到鳥類屍體，沒想到今天就碰到了……」我暗嘆。

「這是什麼？」來上第一節課的孩子們，陸陸續續走進教室，好奇的看著躺在盒子裡的鳥兒，我向他們解惑為什麼最近有這麼多鳥類死掉，也介紹了窗殺及其預防。

「老師，那我們要不要埋葬牠？」意外的，竟是曾經最不重視生命的蛋糕男孩問起。

我點點頭，帶著一群孩子到了操場。

「埋在樹下的土壤裡，牠就會成為樹的養分，樹就能長得更強壯來保護鳥兒的同伴。」我說。

孩子們很慎重的將鳥兒埋葬。

最後蛋糕男孩雙手合十，虔誠的閉上眼，口中不斷唸著：「再見了，請安息吧。」

「祝你在天堂幸福。」

「希望你的靈魂和樹一起保護你的同伴。」

我在一旁，觀察著蛋糕男孩的轉變。

回教室後，孩子們還沉浸在悲傷的氛圍裡，所以我帶他們一起畫了鳥兒。

「雖然鳥兒不在了，可是牠會變成樹，或者變成風，用別的方式守護牠的同伴。」我說，「大自然的愛就是這樣，生生不息，跟課本寫的一模一樣。」

「那我們家之前過世的貓咪也會嗎？」

「還有羊羊老師家的狗狗也會吧！」

「啊，星期天我們家要去掃墓，我要和他們說話。」

孩子們此起彼落的說著。

「其實不用等到清明節掃墓啊，我們隨時都可以在心底和想念的人說話呀。」我說。

「深深愛過的人，即使眼睛看不到，也隨時都會在我們身邊。只要我們在心底呼喚，他們就會出現。」這句話好像晶瑩的魔法，頓時讓所有孩子都露出剔透的笑容。

那天晚上，蛋糕男孩傳語音訊息告訴我，他在回家的路上看到一隻鴿子的屍體。

「我有把牠拿去埋起來。」他說，「我還有拜拜喔！有拜拜，有拜拜！」

不曉得是不是怕我多慮，他一連強調三次他有拜拜，希望鴿子安息。

蛋糕男孩還說，他晚飯後的點心是草莓蛋糕，而且剛好他那塊草莓蛋糕上的草莓，形狀好像愛心。

「我把那顆愛心形狀的草莓，也送給鴿子了。」他說，還傳來了照片，「我把它們一起埋在樹下的土壤裡，它們就會變成養分，讓樹長得更強壯來保護鳥兒的同伴。」

我不禁露出欣慰的笑容，果然大人怎麼做，孩子真的都有在看呀。

這就是我暗自稱呼他為蛋糕男孩的原因，他不再是大家覺得糟「糕」

的男孩，而是願意敬重生命、分享愛、分享蛋「糕」的男孩。

生活中所有大小紋理，都值得好好鐫刻，好好珍藏。我也想成為那樣細緻的大人，帶著一個個美好的孩子，用心去感受人生。

生命都是平等的

在每次教導孩子的過程中，我逐漸發現我所定義的「不好的行為」，背後的核心價值都是「我尊你卑」：

「因為『我尊你卑』，所以我可以偷你的東西，我可以怪罪你，我可以自己做不到卻要求你，我可以用你先天的特質攻擊你，我可以肢體傷害你，我可以自己不喜歡卻對你做……云云。」

所以原來，我的大地雷是「生命不平等」呀，我不能接受任何傷害另一個生命的行為出現。且我所謂的「生命平等」，似乎也沒有人類、動物與植物的區別。這好像也可以解釋為什麼我不願意浪費食物，以及看到傷害動物、嘲笑弱勢族群的人都會生氣了。

我想起一個故事。

有個獵人要把一隻兔子宰來吃，和尚看了不忍心，於是說：「不然你把兔子放在秤上，我割下相同重量的肉給你後，你便放了這隻兔子吧。」獵人同意後，和尚開始割自己的肉。然而奇怪的是，無論和尚怎麼割，天秤上的兔子都沒有上浮的趨勢。和尚割下來的肉，都已經是兔子的兩倍大了，天秤仍沒有絲毫改變。

和尚頓時懂了，除非自己整個人站到天秤上，不然天秤是永遠不會平衡的。因為天秤的一端是兔子、是一條生命，那麼另一端必然也得是一條生命，才能相互抵銷。

沒有動物與人類的區別，無論是兔子還是和尚，生命都是平等的。

我想，如果希望更多人也能相信「生命平等」，約莫我還要成為更加溫柔而堅強的人吧。溫柔得能涵容更多鋒利，堅強得能原諒更多悲傷。

羊羊老師の悄悄話

面對問題行為諸多的孩子，大人難免心力交瘁，甚至開始對自己教育的信念有所動搖，我也不例外。

但我的老師曾問過我們：「有個孩子成績低落、愛打群架；另個孩子品學兼優、英俊挺拔……如果你是老師，你想栽培誰？」

多數人當然選擇了後者，然而結局揭曉——兩個孩子長大後，前者成了史懷哲，後者成了希特勒。

我猜，大人也許都是在這樣反覆的懷疑中，磕磕絆絆的堅持下去的吧。

20 蒲公英女孩
不被憂鬱小惡魔所困

蒲公英女孩喜歡蒲公英，但一反蒲公英的輕盈，他動作總是慢慢吞吞的，性格也陰陰沉沉，有時明明別人沒做什麼，他卻會覺得別人對自己有惡意，例如：同學看他一眼，他便覺得別人在瞧不起他，因而趴在桌上哭整節課。

我有時會自己做蛋糕幫同事慶生，但有次我不好意思拿出成品，因為覺得這次做的奶油擠太多了，不過同事卻告訴我：「奶油擠多才好，才立體呀！」

我的右手臂上有個無限符號的刺青，上面點綴著一顆小太陽，但我一直耿耿於懷它的圓不夠圓，不過同事卻告訴我：「不夠圓才好，才像小朋友的手繪風呀！」

我發現，當我的生命漸漸累積愈來愈多這樣「換角度看事情」的經驗，我也愈來愈有能力引導孩子「轉念」。

例如：有一次，小孩趴在地上大哭，什麼也不說，原來是鉛筆斷了。「斷掉又沒關係，把另一頭也削尖，就會變成很酷的雙頭筆囉！」我邊說，邊幫他削尖鉛筆的另一頭。

聞言，他抬頭起身，看到雙頭筆後才破涕為笑。「以後要用說的——老師，我的筆斷掉了，我覺得很難過，請幫幫我！」我微笑著將鉛筆還給他，「每個挫折都意味著後面有更好的安排在等著你呀。」

又有一次，另個小孩嚷嚷：「老師我的新鞋很好穿，可是好醜喔！」他秀出他全新湛藍的鞋。

「哪會，我覺得很像音速小子的顏色啊。」我邊說邊查音速小子的圖給他看。音速小子是一隻藍色刺蝟，之所以叫音速，是因為他跑得很快。

「你看，音速小子跑很快哦。」

「哇，我也有看過音速小子！」小孩歡呼，隔天之後就再也沒聽到他抱怨新鞋了，反而還聽到他興匆匆的跟別人分享他是音速小子。

直到後來我遇見了有憂鬱傾向的蒲公英女孩，我才認知到，轉念固然有效，但有些人的心情，真的不是單靠轉念就可以調節的。

感受孩子的世界

有陣子我在整理小時候的玩具，發現了好多《真珠美人魚》的公仔，我想到蒲公英女孩很喜歡，於是帶到學校放至獎品區讓他兌換。

「我知道你很喜歡《真珠美人魚》，所以這些特別保留給你，希望你能換到它們。」我對蒲公英女孩說。

記得當時蒲公英女孩的表情欣喜，然而後來我才得知，他跟所有他認識的人說——羊羊老師只對別人好，根本不喜歡他。那陣子我好心寒，卻沒有停止對蒲公英女孩的愛，仍不斷找尋能讓他正向思考一些的方式。

直到有次上課，蒲公英女孩異常的不專心，十分鐘連一題數學計算都算不出來，整個人坐立難安。那次之後，我才有了嶄新的發現。

「你今天狀況不太好，怎麼了嗎？」我問。

他眉頭深鎖的欲言又止，最後才緩緩道：「我的血在流……」

「什麼，你流血？」我驚呼，「哪裡，讓我看！需要ＯＫ繃嗎？」

他搖搖頭：「不是流血，是我感覺我的血在身體裡面流……」

聽到不是流血，我緊繃的神經才放鬆下來，靜下心思考，卻仍想不通血在身體裡面流與不專心的關聯。

「因為一直注意血在身體裡面流，所以你一直分心……是這樣嗎？」

推測蒲公英女孩處境的同時，我也閉眼想像血在身體裡面流淌的感覺，「那是什麼感覺，刺刺麻麻的嗎？熱熱的？還是癢癢的？」

「很燙。」他說，愁眉苦臉。

「這樣啊。」我邊回答，邊把腳邊的小暖氣機調成冷風轉向他，「那吹冷風會不會好點呢？」

十秒後，他露出滿足的笑容，點點頭，開始能算數學了。

回家的路上，我一直在想著這件不可思議的事：真的有人可以感覺得到血液在身體裡面流淌嗎？

突然，我的思考連結到那陣子剛好在上的「寵物按摩課程」，其中所學到的知識──狗狗的嗅覺比人類多出幾千倍，意味著即使身處相同的物理空間，個體對周圍的解讀卻大相逕庭，完全就是不同次元的存在。難怪許多特殊孩子在換季時，都會有這麼多生理反應，例如：狂打噴嚏、妥瑞症狀加劇、心臟痛、哮喘變得更嚴重等。原來都是因為他們感受得到一般人所感受不到的世界呀，那麼蒲公英女孩能感受得到血在身體裡面流淌的感覺，也不令人意外了。

從感官出發

有了這個嶄新發現的我，決定對蒲公英女孩嘗試「先改變生理條件，再連帶改變心理想法」的方法，看能不能讓他正向思考一些。並且我打算從嗅覺、味覺及觸覺著手。

嗅覺，我買了擴香石，每次上課前，我都會請蒲公英女孩先去擴香石上滴幾滴檸檬精油，他聞到檸檬的清香、覺得心情舒緩後，再開始上課；

味覺，我把我的初級增強物從牛奶餅乾改成了起司和堅果，因為起司和堅果能幫助分泌血清素，達到抗憂鬱的作用；觸覺，我買了穴道按摩的書，幫蒲公英女孩按能夠舒緩神經的穴道，也教他可以怎麼幫自己按摩。

如此操作了好一陣子，到了學期末，有天蒲公英女孩突然告訴我：「老師，我想到我的新年新希望了。我的新年新希望，就是要對自己和對別人都好一點。」「真的？你怎麼會忽然這麼想？」我喜出望外。「因為我覺得之前對自己和別人太嚴苛了呀！」蒲公英女孩微笑道，「我的身體裡好像有天使和惡魔，以前惡魔占據了我的大部分，但最近惡魔好像愈來愈少了。」

「你都記得我教你的呀。」我欣慰道，他點點頭。

是問題找上了孩子

除了「先改變生理條件，再連帶改變心理想法」的方法外，我還教蒲公英女孩「外化問題」。

心理學家麥克．懷特（Michael White）的敘事治療理論中提及，如果是「內化問題」，那表示我們指的是孩子有問題；但如果是「外化問題」，則表示我們指的是問題找上了孩子。「人」和「問題」是分開的，人是可以站在客觀的位置上，來看待問題的。

因此當孩子有問題行為時，我不會對孩子說「你是小惡魔、你很壞」諸如此類，而會說「當小惡魔找上你時，你會……」，這樣一來，孩子不會覺得自己等同於問題，也會有比較大的意願開啟對話。

「你不是壞孩子，只是偶爾小惡魔會找上你，所以你才有了不好的念頭。」我一遍又一遍的告訴蒲公英女孩，而他也一次一次的相信，自己仍是好的，只是偶爾會被小惡魔找麻煩。

「那小惡魔來襲時，我們可以怎麼辦？」我用外化的語言，帶著他一同思考解決的辦法。

「可以點檸檬精油、吃起司或堅果，或者按摩自己的穴道……」也因為外化問題，讓蒲公英女孩有機會站在理性的角度，再次重新仔細審視自己的生命課題。

羊羊老師の悄悄話

成為特教老師之後，我漸漸成為一個相信「魔法」的人。孩子們說他們看過的、聽過的、感受過的，雖然都不是大多數人所體會過的，我卻相信即使身在同一個時空，每個人經歷的宇宙卻截然不同。

吶，原本緩慢沉重的蒲公英女孩，不就因為我的相信，開始承載著希望啟程嗎？

所以所有孩子的小小需求，我們要大大把它們放在心上。

21 玻璃男孩
道歉也需要好好學習

有時人們形容玻璃男孩玻璃心，易碎還會割人。可我不那麼覺得，因為玻璃男孩在我的教室上社會技巧課時，永遠都是最明理、最懂事的孩子。

有次課程結束，我對孩子們說：「快下課了，我們來加分吧。」只有玻璃男孩把聯絡簿打開，其他孩子都沒有動作，我以為是他們不專心而沒聽見，所以又再說了一次：「我們要加分了。」

意外的是，他們仍無動於衷，此時玻璃男孩開口道：「喂，老師要加分了，把聯絡簿打開。」其他孩子才如夢初醒般開始動作，我這才恍然大悟：「哇，原來這對他們來說是間接指令，他們是聽不懂，而非不專心。」心底也暗自驚豔著，玻璃男孩能理解雙方的認知落差並做出翻譯，成為師生間溝通的角色。

看見純粹的心

前些天，玻璃男孩沿著走廊追打同學，撞到低年級孩子，因而被叫到學務處訓話。一問之下，才了解原來起因是同學嘲弄他「書包像黑色垃圾袋縫起來的」。

玻璃男孩從來不會要求父母要買什麼東西給他，學用品也都是能用就好，因此身上幾乎都是親友給予的二手牌。因為替父母著想，書包才沒有帥氣的造型或圖樣，結果卻淪為同學訕笑的把柄，著實令人心疼。

生教組長說：「就算你再怎麼生氣，也不能在走廊上奔跑，你要跟低年級孩子道歉。」

玻璃男孩一臉漠然的轉向低年級孩子，用幾乎是耳語的音量道：「對不起。」

「太小聲了，沒誠意，再一次！」組長喝斥。

「對不起。」玻璃男孩提高音量，但語氣彷彿置身事外，道歉只是應大人要求。

「這樣你們接受嗎？」組長問，低年級的孩子雖然有點遲疑，最後還是點了點頭。

待低年級的孩子離開，玻璃男孩又被唸了一會後，組長轉而問我：「羊羊老師，你有沒有什麼話要說？」

我深吸一口氣，緩緩開口：「雖然玻璃男孩撞到人應該要道歉沒錯，可他是因為先被嘲弄，所以才會生氣的在走廊追打那些同學的。」

「玻璃男孩平常從來都不會隨便攻擊別人，他前面也努力忍了很久，但大家都只看到後面發生的事，還責怪他，這不公平吧，他也很委屈啊。那些訕笑玻璃男孩的同學，應該也要向他道歉才對啊。」我話才剛說完，原本全然情緒抽離、面無表情的玻璃男孩，此時竟然爆哭了起來。

冷的刺的都無感，熱的柔的才潸然。像卸去所有防備，玻璃男孩開始抽抽噎噎、連珠炮似道：「他們……他們一直說我……」

組長這也才靜下來聽玻璃男孩娓娓訴說，並承諾會好好處理那些同學，這件事就在我們和玻璃男孩一起討論「下次生氣時，可以怎麼處理比較恰當」中落幕。

「老師，我今天換的禮物是要送給妹妹的噢！」幾週後，玻璃男孩興高采烈的跟我分享。他小心翼翼的削好鉛筆、一枝枝整齊的排進鉛筆盒裡，然後再輕手輕腳闔上。

「這樣擺比較好呢，還是這樣？不曉得妹妹收到會有什麼反應。」玻璃男孩自得其樂的自言自語著，看得出他對妹妹的珍視。

有時人們形容玻璃男孩玻璃心，易碎還會割人。可我不那麼覺得——正因為是玻璃，在乎公平的心，才會如此純粹；正因為是玻璃，在乎他人的心，也才會如此透明吶。

學習補償與和解

玻璃男孩有許多人們定義的「問題行為」，例如拿樂樂棒球砸同學、潑同學水等，且對導師的處理不屑一顧。然而有次我趁空堂時間，請玻璃男孩來我的教室，開門見山告訴他：「我認識的你，不是會無緣無故攻擊同學的人，你會這麼做一定有你的原因。你願意告訴我是為什麼嗎？」

沒想到他馬上收斂起玩世不恭的態度，聲淚俱下的訴說起同學是怎麼先調侃他的，即使告訴導師，導師也只是要玻璃男孩不要理他們，或是要同學們口頭道歉。

「但他們的道歉都很隨便，而且下次也還是會再犯。」玻璃男孩千嘗萬試卻未果，所以雖然他知道報復不好，但心中就是有股恨意需要宣洩。

我才發現，好像都是這樣吶：縱使此刻呈現在我們眼前的孩子再怎麼糟糕，他們一定也都有過一段費盡力氣的歷程。

只是世界一再令他們失望。

於是我在教室布置了一個「道歉角」，而我的做法是這樣：協助還原真相後，請加害者站至道歉角，說：「因為（事由），所以我要向（被害者）說對不起。」

然後協助討論出雙方都接受的方式，讓加害者補償被害者的損失，且補償方式要與傷害有所連結，例如用言語傷人，就必須以言語讚美回來；用肢體傷人，就必須帶對方去健康中心檢查等。

最後加害者承諾改進（可簽契約書），才能請求被害者原諒。

這個道歉角有著「轉型正義」的宗旨：「還原真相後的作為，主要目的不是為了懲罰加害者，而是給予受害者補償與和解的機會。」

我帶著與玻璃男孩有爭執的同學，完整的走過一次流程，同學針對他們的言語傷害進行道歉及補償，玻璃男孩也針對自己的肢體傷害做出道歉與補償，最後雙方都承諾會有所改進。

可能是因為知道羊羊老師每次都會把他們帶回潛能班「好好處理」，是很耗費時間的吧，玻璃男孩與同學們自從使用過這個道歉角幾次後，便鮮少再為類似的事情起衝突了。

陪孩子收拾善後

升上高年級的玻璃男孩，心思變得更為纖細敏感，雖然從他自己的論述中，玻璃男孩的問題行為確實都有前因、都其來有自，但經過導師幾次的觀察，發現有時同學明明沒有怎樣，玻璃男孩卻會自行對號入座並錯誤解讀，繼而產生普世價值認定的過激反應。

所以我想教玻璃男孩「自責」，自己為自己的行為負責，而不是總是「他責」，認為是他人的責任，他人惹自己生氣所以自己才動手的。

有一次玻璃男孩和同學又發生爭執，兩人雙雙被帶來我的教室。

玻璃男孩生氣時會變得很暴躁，因此我拿出計時器「狗狗警官」，預先道：「等一下你們兩個人都有一分鐘的時間告訴我發生了什麼事，在這一分鐘內雙方都要安靜聆聽，不可以插嘴。」

「老師，我先！」不意外的，玻璃男孩搶著舉手，另一位同學也跟著舉手。

「先發言不見得比較好喔，因為如果前面的人說錯了，後面的人還有機會糾正他。」我說，玻璃男孩遲疑了下，默默收回手。

「你先請吧。」我轉向仍舉著手的同學，按下計時器，暗自慶幸這樣剛好能讓玻璃男孩練習等待和冷卻。

因為孩子們都可以看到正在倒數的計時器，很明白現在是屬於誰暢所欲言的時間，因此兩分鐘內都沒有人插嘴，而這也讓我很快可以拼湊並還原事件：同學不小心撞壞了玻璃男孩的美勞作品，玻璃男孩嚷嚷著要同學賠償。

「是這樣嗎？」我重述後與他們核對，他們都點點頭。

「那我照時間先後順序確認一下，同學你踩壞了玻璃男孩的紙蜻蜓，有先道歉了嗎？」之所以刻意提及「照時間先後順序」，是想告訴同學：我只是先處理你的部分，玻璃男孩的部分等會兒也會處理，你不用急著辯解。

同學搖頭，「那你現在可以道歉了。」同學向玻璃男孩道歉，「下次記得，做錯事情先道歉，後面如果補償有困難，再請老師幫忙。」

「然後你要求同學補償，我也同意弄壞他人的物品應該除了道歉還要補償，但我想知道，你在請同學補償的過程中，有打他嗎？」

「我沒有。」玻璃男孩說。

「他有拉我。」同學說。

「所以你是有拉同學，但是是為了想提醒同學要補償，而不是為了打同學？」我再次與他們核對，同學點頭，但玻璃男孩卻無回應，我猜是因為他擔心我接下來會要求他為了拉同學而道歉。

「我不確定我有沒有拉他，但我確定我沒有打他，所以我沒有錯，我不用道歉。」果不其然，玻璃男孩說。

「的確，打人是錯的，才需要道歉；但現在你不確定有沒有拉同學，也沒有證人可以幫我證明你們誰說的是正確的，所以你可以對他說『我不確定我有沒有拉你，但我下次會注意』。」

「不要，我沒有錯，所以我不用道歉。」玻璃男孩好像覺得這樣說，等於承認自己做錯了。

「是的，你沒有錯，所以不用說『對不起』；但是你要說『我下次會注意』，表示你會更進步的意思。」我續道：「沒有錯的人，也可以更進步。每個人都可以更進步。」

玻璃男孩確定說這句話並不等同於他錯了後，才願意對同學說，可見賞罰時措詞的層次也要很分明，孩子們才不會覺得委屈。

處理好情緒，再處理事情，「最後是補償，同學要修復玻璃男孩的美勞作品……」我話語未落，同學便著急道：「可是我不太會做……」

「我知道你可能有些地方沒辦法做得那麼好，但你要盡你最大的努力做。我可以相信你會盡你最大的努力做嗎？」同學點頭。

「同學會盡他最大的努力補償你，但他還沒辦法做到的部分，老師可以幫忙嗎？」孩子們都會很介意「誰弄的誰負責」，但通常只要對方心意到了，便會心軟原諒了。

玻璃男孩同意後，我協助同學完成美勞作品的修復，這次的爭執事件也宣告落幕。

同學先行離開，剩我和玻璃男孩一人，我故作神祕的問他：「嘿，我覺得你今天沒有動手很棒耶，比中年級時進步許多。你是怎麼做到的？」

玻璃男孩聽出來我拐了彎在誇獎他，他不好意思的笑了笑。

隔天，我看玻璃男孩應該已經放下此事後，我拿出我的「熊熊教具」，介紹「他責」是他人的責任，「自責」是自己的責任。

孩子們很容易落入「非黑即白」的思考模式，我想帶他認識，一個事件中，每個人都有可以調整的地方，而不見得調整前就是錯的，只是可以更進步。

說出自己與他人的想法、心情與期待後，我和玻璃男孩討論做出不同的行為會造成怎樣的結果，以及這些結果能不能滿足他的期待。

「這次的結果，是你滿意的嗎？」我問，他點頭，「那是因為你這次沒有選擇攻擊，相反的，你選擇了怎麼做？」

「求助和面對。」

「是的，你沒有攻擊對方，而是選擇向老師求助並面對，是很棒的方法，所以你獲得了你希望的結局。你覺得下次你也能夠做到這麼棒嗎？」

「可以。」玻璃男孩想了想後回答，又恢復平時沉穩的他。

希望玻璃男孩的心，能永遠保持如此純粹而透明。

羊羊老師の悄悄話

六年級下學期因為家庭因素，玻璃男孩轉學了，媽媽說他在新學校適應良好，不但情緒平穩，也發展出新的興趣。「以前覺得他好像光是處理情緒就花掉了太多能量，根本沒有力氣在乎其他事情了……」媽媽嘆道。

我不禁想，孩子有這麼大的轉變，我不敢說是因為自己教導有方，反而開始重新思考，也許「特殊生」這個標籤並非絕對，也許適得其所，特殊也能轉化為「特別」。

22 魔方男孩
好想傷害自己

「老師，我會解魔術方塊了！」暑假過後，男孩興奮的告訴我，說著便轉起魔術方塊露一手。

「什麼，你會解魔術方塊了？」我詫異的看著他表演，心想你才五年級就會了，而我卻到現在都還沒學會！不一會兒，魔術方塊在男孩手中俐落的分成六面顏色。

「完成！我可以教老師噢！」他自豪的說。

他是魔方男孩，情緒平穩時，人見人愛；情緒風暴時，人見人怕，因為他會在負面情緒巔峰時傷害自己，鬼哭狼嚎、捶胸頓足、猛力撞牆，甚至爬上欄杆準備跳樓，好幾次都是我在千鈞一髮之際把他拽下來的。

而會引起魔方男孩負面情緒的事件，不外乎是「輸了」，舉凡打樂樂棒時漏接球、丟地板滾球時投偏、玩桌遊時分數落後，甚至連功課寫得比別人慢等，魔方男孩都會開始他的自戕行為。

「鬧成這樣真的很誇張欸，是怎樣，我們欠你的啊?!」資深老師曾這樣對著正在崩潰的魔方男孩厲聲吼，也告訴我魔方男孩就是擅用哀兵政策，所以有時候對他就是要來硬的。

可是我很是猶豫，因為我自己不喜歡被這樣對待，所以要我這樣對待孩子，有點強人所難。因此對於魔方男孩，我依然採用溫柔堅定的方式，去陪伴他度過每次的情緒風暴。

轉換情境冷靜下來

印象最深的一次，是魔方男孩玩遊戲輸了，又開始自暴自棄的尖聲怪叫，並且捶打自己。

那次我忽的突發奇想告訴他：「你先去做美勞，冷靜一下。」

雖然十分鐘後，魔方男孩的確降溫了，但其實我在使用「轉換情境」這個策略前，很是遲疑。因為自從大學念特教以來，我都是這麼學習的：要在孩子表現出好行為後，才能給予正增強。

魔方男孩在教室內吼叫是不適當的行為，做美勞對他而言卻是享受，先有甜頭再來說理，這樣對嗎？而我捫心自問自己最大的擔憂，其實是：那如果孩子以後為了得到想要的東西，都用哭鬧的方式怎麼辦？

十分鐘後，魔方男孩的狀態從激昂變得沉寂，情緒也從憤怒變成失落，我覺得可以和他對話了，便對他說：「你剛剛最生氣最難過的時候，會大吼大叫說自己是廢物，還會打自己。我覺得很心疼，你能說說你為什麼這樣做嗎？」

「因為那樣會讓我自己好過一點……」魔方男孩淡淡的道。

「那我當下能怎麼幫你？」我問，「有些小朋友希望我跟他們說話，或者抱住他們，你需要這些嗎？」

魔方男孩搖頭：「老師就靜靜的讓我那樣就好了。或者像剛剛那樣讓我做美勞就好了。你和媽媽都說過『輸贏不重要，重要的是過程好玩』，這些我都知道，但我就是做不到……」

我思索著：「那如果我把計時器放在你面前，讓你看到秒數在倒數，能縮短你傷害自己的時間嗎？」我說，畢竟我還是很心疼他的自戕。

「沒有試過，」魔方男孩想了想，「但可以試試看。」

「好，那我們下次試試看。」我望入他的雙眸，「我希望你知道，羊羊老師無論如何都不會放棄你，所以也希望你覺得自己是廢物的念頭能愈來愈少。」

魔方男孩有些愣住，隨後報予久違的微笑。下課後，他把他做的美勞送給我，他知道我對他的愛，從來不會因為他大發脾氣，而減少分毫。

曾試過先處理問題行為，再給予孩子喜歡的情境，然而面對較嚴重的情緒行為障礙生，這招從來沒有用，所以我才調整為現在這樣的順序：先讓生理冷靜，再來談談心理。

也曾周而復始的懼怕自己會不會做錯了、會不會其實毀壞孩子了，然而拉長遠來看，每個被我這樣對待的孩子，也都晃晃悠悠的用自己的步調成長著。

「老師，我昨天桌遊輸給同學很挫折，但我後來想到，我可以想『有這麼強的人當我的朋友，我很榮幸』，這樣想好像就不那麼生氣難過了！」隔天，魔方男孩雀躍的這麼對我說。

所以和教科書、教養書上寫的不同，又有什麼關係呢？特別的孩子有特別的教法，這些與眾不同的孩子，本來就是來拓展我們的生命的呀。

想變好的本能

這樣和孩子相處的模式，卻不被資深老師看好，我曾不只一次被批評：「你是特教老師，這樣跟學生說話太像輔導老師了！」

或者在孩子情緒失控時被咆哮：「你是怎麼教學生的啊，教成這樣！」

那陣子我很苦惱，於是我問孩子們：「我最近有個苦惱，想問問你們的意見。」

孩子們好奇的睜大眼看著我，彷彿覺得大人怎麼會有苦惱？又怎麼會看重小孩的意見？

「如果你們發脾氣時，你們喜歡老師怎麼說？是『你發什麼脾氣，叫你做你就做啊，少廢話！』」

孩子們噗哧笑出來。

「還是『你怎麼了，有什麼我可以協助你的地方嗎？』你們喜歡第一種還是第二種？」

「當然是第二種。」孩子們異口同聲回答。

「這就是我苦惱的地方了。」我嘆了口氣，「我也喜歡第二種，但很多大人都告訴我，不要求小朋友，只會讓你們更任性、更放肆。」

魔方男孩馬上搖頭說：「不會，老師，我聽到第一種，反而更不想做。」

「對，老師，反而是聽到第二種，才會讓我覺得更有力量做了。」

「嗯，我也相信小朋友都是想要變好的……」我幽幽的回答。

我想，大人是恐懼的吧，害怕著如果自己不夠嚴厲，小孩便會偷懶止步，因此在他們凜冽威脅的背後，往往都是溫煦的期盼。

「做不到就等著被懲罰」的背後，其實是「我期許你能做到」。

然而我傾向相信，每個人的內在，都有想變好的本能；如果沒有變好，那肯定是遇到困難了，而不是故意的。

「我可以相信你嗎？」有時我也會這麼問孩子，而孩子幾乎不曾讓我失望。

我們是否有勇氣去相信，縱使不用嚴刑峻罰，孩子也能用自己的步調，好好成長呢？

偶爾的不完美

升上六年級的魔方男孩，穩定了許多，情緒風暴來襲的頻率及強度都降低了。

例如有一次週六要補班補課，魔方男孩一想到明天還要來學校、還要去補習班，不禁悲從中來，嚎啕大哭。

照慣例，我同理他道：「明天還要補課，很累吧？辛苦了五天還不能放假，你真的很想休息了呀。」

看著魔方男孩拖著腳步離去的背影，我不禁也疲乏了起來：「我也不喜歡週六補班啊……」

隔天週六，魔方男孩依舊帶著情緒來上課，只見他又眼眶泛淚即將洩洪，但這次我再也無力承接，於是嘆了口氣，輕輕的道：「我也不喜歡週六補班，而我自己本來心情就已經很不好了，卻還要安慰你，讓我覺得好累喔，所以我希望你今天不要哭了。我們一起好好撐完今天，好好放假吧。」

我又嘆了口氣，準備迎接他接下來的潰堤，然而——這次魔方男孩竟然靜悄悄的露出若有所思的表情。不久後，他坐直身子，拿出課本，打起精神說：「好了，老師，我們來上課吧。」

我很詫異我這次的「沒有同理」，反而讓魔方男孩平靜了下來。

後來我一直在思考是為什麼？是因為我告訴他我也不喜歡週六補班，讓他有了普同感嗎？是因為我告訴他我很累，他忍著不想造成我的困擾嗎？

我倏的想起曾經讀過的一段話：「大人在孩子面前，不必時時刻刻完美，偶爾不完美，才會讓孩子覺得原來你也是有溫度的人。」

我想，或許我偶爾的不完美，才是讓魔方男孩安心安然的關鍵吧。不管如何，魔方男孩這次躍進了好大一步。

最後長成了愛

有個理論叫「木桶理論」，是在說一個由多片直條木板拼成的木桶，它的盛水量不是取決於它最長的板塊，而是它最短的板塊；有一點像社會大眾在面對犯錯的人時，看到的往往都是他們不好的一面，而忽略了他們其實也有好的一面。

有一次，魔方男孩來上我的課時遲到了，我問他發生什麼事？

他回答：「班上有同學吐了，沒有人敢去幫忙清理，只有我願意去，所以弄得比較久。」

「哇……」我愣了愣，一時還理不清自己紛至沓來的想法與情緒。

一會兒後，我篤定的告訴他：「哇……你在狀態好的時候，很勇敢、又樂於助人，我真以你為榮。」

魔方男孩露出靦腆的笑容。

下課後，孩子離開，教室恢復寧靜，我終於有時間沉澱下來，好好思考為什麼剛剛第一時間，我竟說不出讚美孩子的話語。

我才釐清，原來是因為我的第一想法不是「大家都不願意去做的事，你卻去做了，好偉大」；而是「大家都不願意去做的事，你卻去做了，好辛苦」呀。

清理嘔吐物很噁心，所以我的第一情緒，來不及欽佩，只停留在捨不得。

我想起童年時，我們家也發生過類似的事。

一日，放學回家後，弟弟興高采烈的分享——今天班上都沒有人願意做的打掃工作，他自告奮勇的舉手去做了！老師還誇獎他好棒欸！

本以為母親會稱讚弟弟幾句，沒想到母親卻慍怒的道：「蛤，老師為什麼讓你一個人做啊？然後你還真的笨笨的做了喔？」

記得當時弟弟原本綻放的臉龐，頓時像做錯事被罵了般，全都萎靡了下來。只見弟弟淡淡的「喔」了聲，語氣裡盡是藏不盡的失望與落寞。

現在想來，當時的弟弟，需要的應該不是保護與阻止，而是鼓勵與支持；但此時此刻我也才連接起來，當時的母親，其實應該也不是在指責，而是在狀似指責的背後，蘊含著無限心疼。

那天晚上，我用訊息向魔方男孩的媽媽讚美起孩子的這個行為，媽媽說，剛剛他也抱著孩子說他好棒。我不禁會心一笑，很慶幸自己當下，也是給予孩子正向肯定的人之一。

穿越舊時空與新時空、重新思索整次事件後，我發現自己的心情，除了原先的不捨與佩服，似乎還誕生出了一層新的詮釋──欣慰。欣慰魔方男孩在愛裡成長，也欣慰魔方男孩最後長成了愛。

魔方男孩不同於一般孩子，所以教養之路一定充滿坎坷，他的媽媽卻能一路走來始終秉持著溫柔堅定。魔方媽媽，一定花了好多能量和心力在澆灌孩子吶。

願我們都能是孩子的港口，在孩子啟程時竭力祝福；在孩子遇難時盡力陪伴。

相信被這樣對待的孩子，將會在愛中無懼，也將會更有力量航向遙遠的彼方。

羊羊老師の悄悄話

魔方男孩畢業時，我寫了封信給他：「你大部分的時候都很乖，而且在狀態好的時候，甚至願意照顧班上其他小朋友。自我要求高的你，對自己失控的狀況一定自責又討厭，但是沒關係，我們慢慢來，相信有一天你心中的光，會變得比陰影還多。最後羊羊老師要謝謝你，謝謝你每一次都讓我陪著你一起面對。」

教學生涯還很長，往後我一定還會遇到許多魔方男孩，我永遠會把他們捧在手心去相信，相信這塊璞玉只是還沒長好，相信只要用心琢磨，他們一定會成為璀璨的瑰寶。

23 寶可夢男孩向情緒風暴說再見

寶可夢男孩非常、非常喜歡寶可夢，他的周邊文具包括書包、鉛筆盒、悠遊卡吊牌等，通通都是寶可夢，而且他也非常、非常喜歡收集寶可夢牌卡，甚至常常參加牌卡比賽奪冠。

寶可夢男孩是雙殊生，「雙」重特「殊」，意即他同時擁有「資優生」以及「資源生」的身分——資優部分，他的智力商數高於一般人；資源部分，他的情緒控管低於一般人。

智力商數高，讓他容易記著每一件事情；情緒控管低，也讓他容易掛懷每一件事情。這樣一正一負的交互作用下，產生了一個結果——寶可夢男孩對於別人稍有得罪他的部分，永遠狠狠記恨著，並且想要報復。

有一次，寶可夢男孩激動的跑來我的教室，大吼大叫的說：「老師，同學都不借我看他的寶可夢卡！」

「我知道你很生氣，但寶可夢卡是同學的，他有權利決定要不要借你喔。」我平靜的說。

「咦？」寶可夢男孩有點愣住，「可是上次同學嘲笑我，讓我不開心，老師你就站在我這邊；這次他也讓我不開心呀，怎麼老師你就不站在我這邊了？」

我才恍然大悟，心想：「原來你也會在這裡卡住呀。」

學習調整情緒

我拿出教具，講解道：「傷害有分兩種，第一種是像這樣『黑靠近白，對白做出不好的行為，而白躲不開』；第二種則是像這樣『黑沒有靠近白，而是離開白，他只是沒有實現白的願望、沒有符合白的期待』。你覺得，上次同學嘲笑你，是屬於上面這種，還是下面這種？」

「上面這種吧？」寶可夢男孩指著「黑靠近白，對白做出不好的行為，而白躲不開」的圖示。

「對，是上面這種，因為同學嘲笑你，你躲不開。所以那時候，我怎麼處理那位同學呢？老師請他去『道歉角』，也告訴他，如果是大人，口出惡言甚至有可能要接受法律制裁，而他的守護精靈也會扣他的分數。」

「那我怎麼處理你的部分呢？除了同學要向你道歉外，我還教你怎麼保護自己，而如果沒有報復回去，你的守護精靈也會加你的分數。」我頓了頓，確定寶可夢男孩有跟上我的思緒，「那你還記得如果是言語攻擊的話，你可以怎麼保護自己嗎？」

「把它想像成同學給我膠水，我不收，那麼膠水就還是在同學手上。」寶可夢男孩說，「如果同學嘲笑我，我不收，嘲笑就還是在他身上。」

「是的。」我欣慰他有記得我的話，「那你覺得，今天同學沒有借你看寶可夢卡，是屬於上面這種，還是下面這種？」

「下面這種吧？」這次寶可夢男孩換指著「黑沒有靠近白，而是離開白，他只是沒有實現白的願望、沒有符合白的期待」的圖示。

「對，是下面這種，因為同學只是沒有實現你的願望而已，所以這時候同學沒有錯，反而是你自己要學習調整情緒。」

後來我告訴寶可夢男孩，第二種情況，如果白進一步試圖讓黑愧疚，好讓黑完成自己的願望（例如：寶可夢男孩對同學說，你不分我看，就是不夠朋友），這種情況就叫「情緒勒索」。

我還舉了其他事件，讓寶可夢男孩練習分辨。多虧有了視覺化圖示引導，他很快的便能判斷何種是需要道歉的情況、何種不是了。

我告訴寶可夢男孩，同學有權決定要不要借你寶可夢卡，可拒絕時也要有禮貌的表達；而寶可夢男孩從此也比較少糾結於第二種情況了。

協助孩子措詞道歉

然而寶可夢男孩在融入群體的過程中，還是遭遇重重阻礙。

因為他比較敏感，往往會有自己「被占便宜、吃虧了」的念頭，而出現想要「討回公道」的舉動，他的方法也永遠都是杏仁核失控的武器攻擊、拳打腳踢、破壞公物等。

有一次，當我接到分機匆匆趕往現場時，看見寶可夢男孩被科任老師反鎖在教室外，因為他正憤恨難平的敲打窗戶、罵著粗話。

「他覺得同學在對他做鬼臉，可同學說他忘記了，而且也沒有人看到呀。」來巡堂的行政老師解釋，「我們請同學下次要注意了，寶可夢男孩還是死咬不放、要打回去，我才先把他隔離在教室外。」

語畢，老師又朝寶可夢男孩吼了句：「我跟你講過很多次，不管你有什麼理由，都不可以影響別人上課！你再這樣，就去學務處！」

寶可夢男孩尖叫得更劇烈了。

「還吵是不是，你再吵啊，吵啊！我叫你家長來把你帶走！」

眼看火勢愈演愈烈，我連忙勾著寶可夢男孩的肩膀，邊把他帶離現場，邊分散他的注意力問道：「我看到你很用力的在表達你很生氣，發生了什麼事？你慢慢說，我協助你處理。」

寶可夢男孩敘述的和老師剛才說的差不多，我於是問他：「那位同學除了對你做鬼臉，也會對別人做鬼臉嗎？」

「他也會對他的朋友做。」

「那說不定他對你做鬼臉，是把你當朋友的表現呀？」我試著鬆動寶可夢男孩的負向詮釋。

「哼，我不要。」

我不禁在心裡苦笑：「我就知道沒這麼容易。」

「你記得上次同學說你有打他，但你忘記了，而且也沒有人看到，所以那時我沒有要你說『對不起』，只有請你說『下次會注意』，對嗎？」

寶可夢男孩點點頭。

「那這次你說同學對你做鬼臉，但他忘記了，而且也沒有人看到，所以我也不會要他說『對不起』，只會請他說『下次會注意』喔。」

「不行，他一定要跟我道歉！」果不其然，寶可夢男孩堅持。

我決定向寶可夢男孩坦承我的苦惱：「一直以來，你都相信羊羊老師的處理嗎？」

「相信。」

「嗯，那請你也相信，這次的事件有點超出我的能力範圍了。」

「為什麼超出你的能力範圍？」

「因為在法律上，你要說一個人有做一件事，是你必須要提出證據，但剛才老師說班上都沒有人看到，所以沒有人能幫你證明。」

聞言，寶可夢男孩沉默了，此時上課鐘聲也正好響起。

過往如果事件未解決，寶可夢男孩是不會回去上課、而是會僵在這裡的，但這次我想要試著延長他的等待時間……

「這次的事件超出我的能力範圍，所以請你給我一點時間思考。你先回去上課，我跟你約下課前五分鐘去找你和同學處理，好嗎？」

意外的，寶可夢男孩若有所思後，點了點頭，隨即轉身離去。

電腦桌前，我陷入苦思——要怎麼不讓同學說出「對不起」，又讓寶可夢男孩不再生他的氣呢？

倏的，我靈機一動。

下課前五分鐘，我依約出現在班級門口，向老師借了寶可夢男孩和那位同學出來走廊。

我面朝同學：「寶可夢男孩說，你對他做了鬼臉，但只聽他說不公平，所以我也想聽你怎麼說。」

同學搖搖頭，表示他不記得了。

我拿出打好的字條請他看，並說：「如果上面的內容你接受的話，請你唸給寶可夢男孩聽。」

同學看完後，點了點頭，開始唸道：「寶可夢男孩，我可能做了怪表情，卻忘記了，如果讓你感到不舒服，我跟你道歉，我下次會多注意的。」

沒有人看到同學對寶可夢男孩做鬼臉，所以我始終不願意使用「我『的確』做了怪表情」以及「對不起」等明確認錯的措詞，畢竟我不能為了息事寧人，就偏袒寶可夢男孩。

「寶可夢男孩，這已經是我們能做的最大努力了。」我說，「你心裡還會不舒服嗎？」

他猶豫的道：「有一點……」

「謝謝你的誠實。但剩下的不舒服，已經不是同學的責任範圍了。剩下的不舒服，只能我陪你一起想想怎麼排解。」

「嗯……」看得出來，寶可夢男孩也很努力在說服自己釋懷。

排解內心的不舒服

讓同學先回去後，我看著萎靡的寶可夢男孩，才想到——成長過程中，我們總是被迫要求「快速寬恕他人」，但明明「原諒」也是需要練習的，從小到大卻從來沒有一堂正課，好好教導我們如何原諒。

思及此，我不禁由衷感謝上天讓我成為特教老師，賜予我時間和空間，陪孩子走過情緒的起承轉合；我不禁由衷感恩上天讓我擁有輔導背景，贈予我能力和心力，陪孩子度過情緒的春夏秋冬。

我在黑板上寫下「生氣→（道歉、補償、改進）」及「傷心→（　　）」，「當你覺得同學對你做鬼臉時，你產生了生氣與傷心，對嗎？」

寶可夢男孩無力的點點頭。

「生氣的話，對方可以道歉、補償、改進處理，但你受傷的心卻感覺仍沒有被處理到，對不對？」寶可夢男孩睜大雙眼盯著黑板，彷彿黑板寫出了他的心聲。

我在傷心的箭頭後寫下「大吼大叫」、「破壞物品」、「攻擊他人」，道：「你很敏銳，知道自己的心受傷了，所以有試了幾個方法想要讓自己不那麼傷心，例如大吼大叫、破壞物品、攻擊他人。」

「只是……我記得你以前說過，你不想自學，想來學校。」我續道，「那來學校，我們就必須遵守大部分人都接受的規則。你想出的辦法，大吼大叫、破壞物品、攻擊他人……這些大部分人都不接受，所以請你再想別的。」我在那幾個方法上打了叉。

寶可夢男孩想了想：「玩桌遊吧……」

「在我的教室跟我玩桌遊嗎？」我問，寶可夢男孩點頭，「在我這裡跟我玩桌遊，可以安慰你受傷的心嗎？」

「可以。」他說，眼神漸漸柔和了起來。

「我接受這個辦法。」我微笑，「那你下次又有情緒時，應該怎麼表達，我們才能快速明白你的意思呢？」

我邊說，邊點著白板：「羊羊老師，同學這樣做，讓我……」

「讓我傷心。」寶可夢男孩接道，「我希望可以用玩桌遊，來安慰我受傷的心。」

「對，你希望可以用玩桌遊的方式，來安慰你受傷的心。」當我說出這句話時，寶可夢男孩一反剛才的精神不振，站起身跑去看櫃子上的桌遊了。

或許有人認為他無理取鬧，但試想：如果有個人捅你一刀，事後雖然賠償你藥費與醫美，讓你的傷口可以回復到原先的狀態，但在過程中你所受的精神折磨及肉體疼痛，又豈是一句道歉可以輕易抵銷的？

而且會不會有人寧願不要賠償，也要捅回去，因為他們覺得這樣才能真正減輕心底的痛苦？寶可夢男孩會不會也想問，為什麼是要事後處理，而不是打從一開始就不要有傷害？

或許也有人認為，做鬼臉這件事很小，不能類比捅人一刀這種大事。然而孩子還未見過太多世界，所以在我們眼中是小事的，在孩子眼中可能是大事，我們憑什麼論斷悲傷之於人的輕重呢？

我們都曾有過「不平衡、想討回來」的心境，只是被規範磨去了銳利。於是最後，被捅的人走上了諮商之路，從其他地方治癒了自己的心；而我也樂意之至，成為孩子的驀然回首，孩子的燈火闌珊。

看著寶可夢男孩去選桌遊的同時，我不禁也回想起這一路上愛過的孩子。

有小孩游泳比賽上岸後，頭髮濕濕黏黏以致脾氣暴躁，我拿浴巾罩住他，笑鬧道「給你個氣功」後，便胡亂擦乾他的頭髮。他笑開懷，我才想起小時候我爸也是這樣對我。

有小孩貪玩，跑去大雨滂沱裡馳騁，再渾身滴水的走進教室，一臉知錯卻又難掩興奮。

「可以淋雨嗎？」我邊拿出吹風機，邊碎唸。

「不可以。」小孩忍俊，我瞪向他，「知道不可以還去！」

「吼唷，可是很好玩嘛！」他忍不住大笑，把臉埋進我懷裡。

「受不了，罰你變成雞冠頭！」我把他濕漉漉的頭髮用熱風吹挺，教室頓時出現一隻小公雞。他笑開懷，我才想起小時候我媽也是這樣對我。

有小孩背部很癢，一直像小動物一樣站著摩擦牆壁，我於是幫他抓抓；有小孩嘴巴破洞，一直說好痛，我於是幫他噴廣東苜藥粉；有小孩脖子長疹子，一直喊好癢，我於是幫他抹痱子粉……他們笑開懷，我才想起小時候阿嬤也是這樣對我。

我總是在付出愛的同時，才想起原來自己也曾深深被愛。

愛就是會不知不覺記得，又不知不覺重現的魔法。

寶可夢男孩雀躍的拿著桌遊回來，我問他：「下次你可以跳過大吼大叫、破壞物品、攻擊他人……這些步驟，直接告訴我你需要玩桌遊來安慰你受傷的心嗎？」他點點頭。

「還有你剛剛對全班還有科任老師做這些動作，我們和你一樣產生了生氣和傷心……」聞言，寶可夢男孩放下桌遊，說要回去向全班道歉。

「這樣生氣的部分就處理完了，剩下我們受傷的心。該怎麼辦？」

寶可夢男孩想了想，欲言又止，最後聳了聳肩：「我不知道……」

「別人道歉沒有辦法處理你受傷的心，可是我們受傷的心只要你道歉就可以處理了。你知道是為什麼嗎？」我問，「因為我們都很愛你、很包容你，所以只要你有誠意，我們就會原諒你。」

寶可夢男孩愣著，似乎這個答案遠遠超過他的意料之外。希望有一天，這些我們持續給他的敦厚的愛，能讓寶可夢男孩累積出釋懷的力量。

小王子說：「我們都曾是小孩，但只有少數人記得。」

我們都像陽光傾落，邊擁有邊失去；我們都像星辰殞落，邊長大邊遺忘。所以明明是孩子在學習成為大人，我們卻也在孩子身上學習到更多。但願時間磨去我們稜角的同時，也讓我們的輪廓，日漸清晰。而我是何其有幸，每每在陪伴孩子的歷程中，都能再次重溫童年時期的自己。那個還未社會化、還未鈍化的自己。

表現最好的一次

寶可夢男孩從此之後生氣或傷心時都用說的嗎？當然沒有那麼順利，

而我也只能帶著他不斷的一次次練習。挫折時我常會提醒自己，寶可夢在經驗值累積到閾值之前，外在能力會完全沒有變化；但一旦超過閾值，便會瞬間升等，各方面能力大幅提升，甚至可能瞬間學會新招、瞬間進化。然而他們之所以能升等，單單只是因為最後一戰嗎？當然不是，是因為還有前面許許多多的努力！前面累加的努力狀似看不見，其實都在沉潛著啊！

成長並非一蹴可幾，我們需要有足夠的韌性，才能等到孩子們開花結果。以前的寶可夢男孩，不順心時不是被助理員壓制來我的教室，就是我接到分機來電趕緊前往現場處理，然而我看他近期攻擊強度有降低、冷靜時間有縮短，想開始嘗試「兌換券制度」。

我向寶可夢男孩亮出兌換券，說：「我協助你處理生氣和傷心，算是我幫了你一個忙，所以我能擁有一張兌換券，換你下次幫我一個忙。」

「我能幫你什麼忙？」他好奇的問。

「以後你又有情緒時，如果可以忍住不動手，自己走來向我求救，就算幫我一個忙，就可以抵銷一張兌換券。」我指指手中的兌換券。

不知道是不是因為兌換券制度的關係，寶可夢男孩竟然有了嶄新的突破。

有次備課到一半時，我突然聽見離自己教室最近的樓梯口，傳來撕心裂肺的哭喊聲。

我連忙衝出教室查看，發現果真是寶可夢男孩，他又生氣又傷心，又是汗水又是淚水的對著牆壁宣洩，發出劇烈的噪音。

我趕緊上前抱住他，說：「你走到離我教室好近的地方了，應該是來找我求救的吧？你之前說希望你抓狂時我能抱住你，你看，老師來幫你了。」

他死命揮動四肢掙扎，我也死命抱緊他，僵持一分鐘，幸好趕在下課前，他終於願意和我走回我的教室，不然等下課學生魚貫出了走廊，又會是更大的波瀾。

「我整理一下你說的話，你聽聽看有沒有說對。」在組織完寶可夢男孩因為激動而支離破碎的言語後，我道，「體育課時你搖呼拉圈掉了，同學說你很遜，你給他說對不起的機會，他卻還是繼續說，所以你才拿起呼拉圈揮舞，但這時候老師卻阻止你了，還拍掉你的手。」

「對！」

「你不只生氣同學說你，還生氣老師不公正，怎麼可以同學說你就不阻止，你揮呼拉圈就阻止。」

「對！」

「你知道嗎？你今天是我見過表現最好的一次，你不只在生氣前問了同學『你應該對我說什麼』，給了他機會；還在生氣後沒有動手打到人，就跑來向我求救，而且是你自己來的，不是助理員把你架過來的！」

我續道：「所以，我要先給你一張兌換券，因為你今天幫了我一個大忙，下次你也可以請我幫你一個忙。」我拿出兌換券，放在他面前。

寶可夢男孩看著兌換券，頓時平息了不少。

我打分機告訴班導，寶可夢男孩下節課可能需要待在我這，也一併核對其他孩子和班導報備的狀況，真的誠如他所說。

掛上電話，我問寶可夢男孩：「那我們來討論怎麼處理同學和體育老師的部分，你記得我有教過你，犯錯的人應該怎麼做嗎？」

「要道歉、補償、下次改進。」他回答。

「下節下課我們一起回班上找同學，我會要求他道歉。那你希望他怎麼補償呢？」

寶可夢男孩聳聳肩說想不到，我說：「我有個提議，批評的相反是讚美，所以他既然批評你，應該也要讚美你一句。」

他不意外的接受了，因為孩子們通常都會接受對方採取與傷害行為相反的補償方案。

「那體育老師呢？」

「老師可以不用補償，但是要道歉他這次不公正，而且要保證以後會公正。」寶可夢男孩和大多數的孩子一樣，對大人倒是比較寬容。

「好，那我會去聯絡他，但是我們要有心理準備，如果他不願意調整，代表人類的規則無法約束他，就只能交給上天處理了。」我拿出教具，幫寶可夢男孩打預防針，「但這時候我們會如何處理被傷害的人呢？」

「會強制保護被傷害的人。」他有把我做的視覺教材記住。

「沒錯，所以如果不巧下次又是這個代理老師上課，你可以來我的教室，而且不需要兌換券。」

寶可夢男孩點頭同意，這次的事件，他不但延宕憤怒、獨立求救，甚至只花不到二十分鐘便放下了，我不禁又驚又喜。

後續無論是同學或代課老師的部分，都很順利的解決。

當我告訴寶可夢男孩的媽媽今天發生了什麼事時，媽媽紅了眼眶，部分是因為孩子的進步，部分則是因為覺得我的處理好細緻。

寶可夢男孩的爸爸媽媽曾和我分享，寶可夢男孩的情緒都其來有自，只是他在乎的那些點，對大人而言太微不足道。

所以他被迫輾轉過的三所學校，老師們幾乎都只著重在寶可夢男孩的問題行為，導致他一度自暴自棄，抗拒上學：「我不要努力了，我都控制不了我的脾氣！」

聽了好鼻酸吶，他們是這麼用力的在配合老師，也是這麼用力的在千嘗百試最適合寶可夢男孩的教養方式啊。

媽媽說，謝謝我撫慰了孩子，也撫慰了身為媽媽的心，我是他們一直以來在尋找的、適合孩子的老師。

曾聽過有人這麼說：「那些家長就是惡有惡報，所以才會生到特殊生。」

然而當我遇到了這麼多孩子、這麼多家長後，我更認為是：「上天覺得這些父母具備足夠的能力，所以才派天使降落他們家。」運動、治療、服藥……正是因為爸爸媽媽各方面都力所能及配合，寶可夢男孩才能一步一步，長成愛的模樣。

如果我們明白生命是盎然的春天裡有枯朽，籟寂的冬日裡有重生；如果我們明白生命是任何時刻都福禍相倚，光影共存。

那麼我們就能穿越孩子盛怒的表象，看到那重視感情又熱愛學習、赤誠又富饒的內涵。

於是我，滿懷感恩所有的特殊天使，降臨在我的生命中。

羊羊老師の悄悄話

某天學校施工，一早來到教室，看到座位被弄得亂七八糟還布滿了灰塵腳印，寶可夢男孩氣急敗壞的跑來潛能班找我。「我的座位被工程弄髒了，而且我坐在第一排第一個，全班只有我一個人被弄得最髒！」他惱怒的跺著腳。

「真的喔，那你一定很不高興。」我說，「可是以前你遇到這樣的事，一定會在教室大吼大叫摔東西，今天竟然想到要來找我求救，怎麼那麼棒？」

聽出我繞著彎兒誇他，寶可夢男孩的音量變小，但仍舊有些忿忿不平的碎唸著：「那些工人應該要道歉、補償、改進。」

「雖然把你的座位弄髒沒有復原確實不好，但工人夏天不能吹冷氣還要工作好辛苦，所以如果我們能包容別人不是故意的小瑕疵，那就是我們的靈魂會加分哦。」

他張口欲反駁，我率先續道：「我們一起來練習原諒吧？羊羊老師和你一起整理，整理完後，我陪你玩遊戲，一方面補償你受傷的心情，一方面獎勵你願意包容他人。」

本來還想申訴些什麼的他，聽到有實質的補償機制，愣了下，想了想，欣然同意了。

雖然看到特殊生離普通生的模樣還好遠，有時會感到不耐，可更多時候，我希望自己能看到，即使是多麼微不足道的進步，可能已經是孩子的竭盡所有。

我們自以為是的起點線，可能都已經是孩子用盡全力的奔赴。

於是轉念一想，也許無論晴天雨天、好日子壞日子，光是擁有這群即便在主流體系磕磕碰碰、遍體鱗傷，仍奮不顧身成長的寶貝，就已經是最大的祝福了吧。

練習看到生活中微小的美好，因為也許正是這些微小的美好，才足以支撐起整個生命的荒蕪。

最後我要感謝的，除了寶可夢男孩的天使家長外，還有每一位普通班老師們，雖然他們要求的標準容易讓寶可夢男孩爆炸，但正是因為有他們的堅持，寶可夢男孩才能學到常態的規則究竟是怎麼樣的。

我曾覺得一定要當孩子們生命中的太陽，但或許，北風和太陽，都同等的重要。

後記——

哲學男孩

有個男孩非常、非常在乎「公平」，但他對公平的概念只停留在「齊頭式平等」，而沒有建立「立足式平等」的觀念，意即他認為老師對每個學生的要求都該一致，只要老師對各別學生要求不同時，他便會大發雷霆，覺得世界不該是如此運行的。

於是我設計了一系列的課程，準備來和這位善於思考的哲學男孩好好探討什麼是「公平」。

我拿出我的教具「品格量尺」，帶孩子們一起閱讀上方的文字與分數：「做到自己的本分，是應該的，所以不會加分也不會扣分，維持在零分；不只做到、還做好自己的本分，是加一分；不只自己好、甚至還幫助別人，是加二分。」

「接下來我們要從零分往下看，沒做到自己的本分，是不應該的，所以扣一分；不但自己不好、甚至還負面影響他人，是扣二分；不只負面影響他人、甚至嚴重傷害他人，是扣三分。」

介紹完大方向的原則後，我出了幾題考考孩子們：「你們覺得，學生上課時坐在座位上，是幾分呢？」

「是本來就應該做到的，做了不會加分，沒做到會扣分，所以是零分。」

「那學生上課時不只坐在座位上，還很專心聽老師說話呢？」

「是加一分！」

到此為止，孩子們幾乎全部都能清楚分類行為。

只有一個情境，孩子們沒有共識，因此激發出熱烈討論——「有人罵你，你罵回去，這樣是幾分？」諸如此類的反擊情境。

有的孩子說因為雙方各罵一次，所以扯平，是零分；有的孩子則說是負一分，因為雖然對方有錯在先，但我們跟著罵了就是不對，而且明明也可以選擇告訴老師的；前者聽完後者的想法，亦陷入沉思。

記得以前在接受體制外人本教育的師資培訓時，老師曾說道：「其實每個人在還是孩子時，都有內建最自然的系統；只是隨著漸漸長大，一直被要求吞下不合理、不舒服的感受，那份系統也慢慢被破壞殆盡了。」

我想孩子們之所以可以那麼快便學會區分行為，是因為這個品格量尺教具，其實也是我們內建最自然的系統之一吧。

這堂課的最後孩子們討論出的共識是：有時可能真的忍無可忍不小心反擊了，反擊的力道也不能大於原先對方給自己的傷害。但我們可能拿捏不準力道，因此最好的做法還是秉公處理。

我看到哲學男孩露出滿意的微笑，顯然這是他可以接受的價值觀，然而他這套「齊頭式平等」的價值觀，在我介紹完學習障礙、自閉症、情緒行為障礙等三大類型的特殊生後，有了改變的契機。

什麼是公平？

哲學男孩已經打從心底相信，世界上真的有些人是無法倚仗努力抵達終點，因此我想也是時候，可以教哲學男孩何謂「立足式平等」了。

我拿起自己的紫色五格板示範：「本來我的表現應該在中間，但因為今天我有睡飽、有吃早餐，而且心情很好，所以我的表現可能會比平常更好。」說著將五格板上的圓點移到最右側。

「但如果我今天沒睡飽、沒吃早餐，而且心情不好，我的表現就比較可能會落在……」孩子們指著五格板的最左側。

「對，會在最左邊，現在換你們告訴我你們今天的狀態了。」我發下五格板給每個孩子，孩子們依照自己當下的狀態，貼上各自的圓點。

貼好後，我收回孩子們的五格板，並連同自己的五格板一起貼回大分數板上，我的五格板最高分會落在十分，而孩子們的則依我判斷擺放。

此時，哲學男孩問：「老師，為什麼每個人的五格板都沒對齊？」

我答道：「好問題，因為羊羊老師是大人，所以就算老師今天狀態不好，去考小學生的考卷，都還是比你們厲害，所以我的五格板會在最右邊。」

哲學男孩看懂了，邊笑邊喊：「不公平——」

我也笑著回：「說得很好，不公平，所以我們今天就是要來討論什麼是公平。」

接著我發下學習單，帶著孩子們一題題做答。

「在學習的過程中，你應該曾經察覺，明明是同一個你，有時考試成績好，有時考試成績卻不好。想想看，為什麼會這樣？」我問道。

「考得好是因為我有努力、專心，而且可能我心情好、身體也是舒服的。」孩子們答，「考不好則是因為我沒有努力、沒有專心，而且可能我心情不好、身體也是不舒服的。」

「是的，明明是同一個你，卻有可能因為原因不同，而有不同表現。因此上面的五格板，就是你的表現從最好到最不好的範圍，稱做『能力區間』。」

「剛剛的部分是自己的能力區間，接下來我們要看大家的能力區間了。」我續道，「如果今天有環保比賽，小草和小火，誰有可能達到十分呢？小草是種樹，小火是蓋焚化爐，哪個可以幫助環保？」

「小草！」孩子們答。

「是的，所以小草的能力區間會比小火高，因此該如何擺放呢？」我引導孩子們圈出左圖。

「那如果今天有科技比賽，小草和小電，誰有可能達到十分呢？」有了上一題的練習，孩子們這次很快就知道答案是「小電」，並且要圈出右圖。

「好奇怪呀，為什麼小草在環保比賽贏了，在科技比賽卻輸了？」我問。

「因為小草的專長是環保！」孩子們異口同聲答。

「沒錯，每個人的專長不同，所以和別人比成績不公平，應該要和自己比。」

「以下哪個人，和自己比的表現比較好？以下哪個人，和別人比的表現比較好？」我再次確認孩子們能理解表格，接下來便引導到最關鍵的第七題。

「小火和小電，一個是跟自己比最努力了，卻還是輸別人；一個是跟自己比最不努力，卻還是贏別人。你們覺得他們會有什麼心情呢？」

小火部分，孩子們幾乎都回答沮喪或傷心，因為很努力卻還是輸了，但有一個孩子很特別，他說：「我覺得他會愈挫愈勇，等下次小火終於贏的時候，會更有成就感！」

而小電部分，孩子們全都回答「會很爽、很開心，因為不用努力就能贏了」，讓我覺得好意外，因為如果是我，沒有努力卻有好成果，我的心情會是「心虛」。

「第八題，那小火和小電，老師比較會叮嚀誰？」

大部分孩子都說自己遇到的大人都是會叮嚀小電的，因為小電不夠為自己負責；但有一個孩子卻說他只遇過會叮嚀小火的，而他就是那個小火，很努力卻始終輸別人的人……聽了有點酸澀吶，於是我引導到第九與第十題安慰他。

「考試只看成績結果，而不看努力過程，不公平；而如果成績不好，只要知道自己已經很努力了，也知道自己有其它專長，這樣的心態就是健康的。」

「面對不同事情，都要展現出不同的能力。每個人都是獨一無二的，因此除了學習能力不同，社會技巧能力、專注力、情緒調節能力也都不相同。」

「每個人的學習能力不同，因此大人不該要求每個小孩都要考一百分；同樣的道理，我們可以要求每位同學都社交、專注、情緒調節百分百嗎？」我問。

「不行……」哲學男孩回答，語氣卻遲疑著，因為一路引導下來，每個環節他都覺得有道理，但最終答案卻與他原先的答案不符，因此他陷入了認知衝突。

我留了一些時間讓孩子們靜下心寫第十四題，最後拿出第二版的「品格量尺」。

立足式平等

「世界上有些人，即使跟自己比已經最努力了、做到自己的最好了，卻仍只是大家眼中的『做到本分』而已，無法加到分。」我說，「我覺得這樣不公平，因此做了第二版的『品格量尺』，比較適合這些人。」

「譬如說，一個過動症兒童有坐在座位上，即使跟大家比只是做到本分，但跟自己比已經是他最努力的狀態了。而且沒有負面影響到他人，也算是一種正面影響，所以可以加一分。」

我帶著孩子們一一比較品格量尺第二版與第一版的異同，其實最大的改變是讓能力較弱的孩子有機會加到分，而不會一直處在負面經驗與習得無助中。

最後我亮出前陣子網路上很流行的圖片：三個不同身高的人隔著柵欄在看球賽，如果給每個人一樣數量的箱子墊高，高的人本來就看得到，墊了等於浪費，而矮的人還是看不到；但如果給每個人不同數量的箱子墊高，高的人不需要箱子就看得到了，而矮的人也因為墊高而看得到了。

「你們覺得哪個是公平？」我問，孩子們指向不同數量的箱子。

「所以老師會給不同的學生不同程度的幫助、以及不同的要求標準，是因為老師不公平嗎？」

「不是，是因為每個人的能力不一樣。」孩子們說，我露出欣慰的笑容。

大多數的孩子欣然接受「立足式平等」的觀念，所以下課後，他們魚貫離開了。

但不意外的，哲學男孩留了下來，看起來就是有話要對我說。

「老師，我以前問過你『為什麼別人都那麼好，任務都那麼簡單？』」哲學男孩說，「我本來以為是因為你偏心。」

「那你現在覺得呢？」我笑盈盈的拿起教具，「小電的起點能力有六分，小火的起點能力有五分，現在我給他們同樣的都是六分的任務，這樣公平嗎？」

「如果同樣都要到達六分，小火會進步一分，而小電卻只能停留在原地，會根本學不到東西喔。你就像小電，別人就像小火，所以老師如果給你和別人一樣的任務，是小看了你，你的實力明明不只如此呀。」

哲學男孩點了點頭，雙眼閃閃發亮道：「我今天才知道，真正的公平應該是，我往七分前進，別人往六分前進。因為都是自己跟自己比，都是進步一分。」

他綻放笑容：「而且多學一點，對我也比較好嘛。」

說完後，他踏著輕盈的步伐離開我的教室。

望著他的背影，我心想：「很多人覺得特殊孩子很麻煩，因為他們跟大家不一樣，所以我們要為他們做出許多調整。但我反而卻覺得，謝謝特殊孩子的與眾不同，才能不但拓寬了我的視野，亦遼闊了我的世界。」

雖然已經上過這個系列的課程了，但孩子們認知上理解，情意上偶爾還是會難以接受。

不過教師的存在，便是為了此刻而生——忘記了嗎？讓我再提醒一次。還是委屈嗎？讓我再擁抱你一次。千千萬萬次。

社會上有好多框架，我都好不能認同，以學歷取人便是一例，甚至已經愈演愈烈到，認為成績能代表一個人的價值了。

我常在想，如果大人不是那麼在乎分數，小孩是不是就能更喜歡學習一點了？是不是就能不在乎與他人比較後所產生的相對價值、而更關注尋找自身的絕對價值一點了？

然而蚍蜉如我，無法撼動階級的巨樹，只希望自己小小的分享，能為社會根深柢固的觀念，帶來些許鬆動。

期許我們都能活出最美好版本的自己，期待未來有更多的人，能因為體制的改變，而獲得幸福。

致謝

能有這本書的出現，我要向三群人致謝：一是在遠方祝福我的人們，二是親子天下團隊，三是在身邊支持我的人們。

在遠方祝福我的人們曾問：「為什麼你能這麼懂小孩？」那時我回答「觀察」，但現在我想再多追加一個：「先認識自己，然後推及他人。」

一直以來我都很喜歡接觸新事物，並在過程中練習「觀察自己」，例如——學語言時哪個音總是發不對？這和我某個音總是唱不準，有沒有可能有關係？

運動到體力的臨界即將耗竭時，我是放棄，還是努力把它撐完然後因為缺氧而暈倒？這樣的個性是否在運動以外的事情也會出現？

瑜珈靜心冥想時，占據我瞬息萬變思緒的是什麼？我是否能屏除這些雜念，感受身體的每一絲每一毫？

看動漫、追影劇時，哪些部分最容易觸動我？這和我的生命經驗及核心價值，有沒有連結？

玩桌遊、密室逃脫時，哪類型的關卡我最得心應手，又哪類型的我最左支右絀？這是否就是我優弱勢能力的表現？

我攝影，我旅行，我研究植物，我擁抱動物。我用心感受每個來到我生命的人，我用力把生活所有大小紋理，都刻進靈魂深處。

這樣練習的結果，就是我會變成無時無刻都在認識自己，既然認識了自己，那麼要類推或反推他人，也就不那麼困難了。

所以要敞心，要縱情，要對於自己不認識的事物，依然願意有更多想像。

——要願意試著穿孩子的鞋，走孩子的路。

謝謝在遠方祝福我的人們，您們讓我知道，無論是在書中或真實的人生中，我都有一顆能感受到孩子需求的心。

＊

親子天下團隊曾問：「羊羊你怎麼會在這裡？你是這麼一個體制外的

人呀！」

是呀，相較於傳統的教師，我確實風格迥異，也考到了好多體制外的證照，舉凡桌上遊戲、數學想想、兒童瑜珈、和諧粉彩、myViewBoard、禪繞畫……但為什麼我沒有在體制外從事教育呢？

因為體制外的老師，大多是因為不喜歡，所以才不成為體制內的老師的，但我想無論體制內外，都一定有它的優勢與侷限。

我選擇教育這條路的原因，除了喜歡與孩子一起成長外，同時也想透過教育，翻轉孩子的人生。

如果我跑去體制外，那我能幫助到的孩子，永遠都只有經濟無虞的，偏鄉的孩子、弱勢的孩子，仍然被遺留下來了。

有一點像是「愈貧瘠的地方，愈需要我深耕」這樣的自我期許，我想幫助的，是那些在體制內過得不好、卻用盡全力也無法掙脫的孩子。

這似乎也可以類推，同樣是特教，我走的是身障組而非資優組的原因——底心就是有股傲氣，想要行俠仗義。

我是體制內的老師，我也不全然滿意體制內的教育，然而我仍想選擇留下來，用生命激發孩子更多的可能。

摸索許多體制外的教育，也是為了尋找適合的、可以帶回來我的教學現場的寶物。學得愈多，愈能豐厚自己，如此也才能有更豐富的教育資本帶給我的學生，對吧？

謝謝紹雯、珮雯、川惠以及親子天下團隊，您們讓我知道，我是一個堅定的人，無論在寫書或人生過程中遇到任何阻礙，我都能持之以恆。

＊

在身邊支持我的人們曾問：「幹嘛讓自己這麼辛苦？你又不可能幫得了所有的學生。」

我知道他們是心疼我辛苦，但我當時是這麼回答的：「海水退潮時刻，成千上萬隻海星被遺留在沙灘上，脫離海水的海星因為窒息而痛苦的扭動身體，但海水卻愈退愈遠。

少年彎腰將海星撿起，一一擲回海中。一旁的中年男子撞見，淡淡道：『這麼做有什麼意義呢？你又不可能救得了全部的海星。』

但面對一望無際的海星沙灘，少年卻微笑道：『我知道，可這對一隻海星來說，意義就完全不同了。』」

對我來說，教育是傳遞愛的過程。

不管孩子優不優秀，我都愛他，他的溫暖、他的努力、他的樂觀……他一切的閃閃發亮特質，都值得被好好看見。

而我看到了孩子，就是澆灌了孩子心中的種子，等哪一天這些種子夠茁壯了、綻放成花朵了，便能換他們富饒別人。

而我也會因此而感到富足。

所以啊，一點都不辛苦、更不會毫無意義，甚至每天的我，都因為跟孩子相處，而輕舞飛揚。」

他們聽了，露出複雜的表情，彷彿在我身上看見了年輕時期的他們，卻走向了從未想過的結局。

謝謝在身邊支持我的人們，您們讓我知道，無論是在書中或真實的人生中，我都有一雙能看見孩子亮點的眼睛。

*

雖然書中的故事大多很明亮，但其實當過特教老師的人都知道，學生潑灑文具、推倒桌椅、尖聲怪叫、攻擊他人、亂吐口水、我們被抓到滿手血痕的情況，也是特教老師的黑暗日常。

可即使如此，我還是希望大家能記得生活美好的時候，所以才收錄了這麼多溫馨的故事。

最後，我想用我和實習生的對話做為結尾。

我的第二位實習生白白老師曾說，有好多時候我的作為，都翻轉了他兒時對大人的印象。

例如當小孩絞盡腦汁心算許久，答案卻錯誤時，我對他們說：「想不出來可以先用手指算，等比較熟練後再用想的。」小孩於是如釋重負地屈起手指掐數。

或者當小孩生氣時，我問他們：「還好嗎，怎麼了？」而當他們娓娓道來後，我的回應也是：「原來如此，換做是我也會不舒服的吧。」

他說他小時候大約也是這個年紀時，有次在用手算，老師卻突然走過來大罵：「不要用手算！」

或者當他生氣時，也是被形容「誇張」。

「包括羊羊老師會設計解謎遊戲吸引學生走進校門等，都讓我覺得，好羨慕這些小孩喔。」他嘆道。

「有好幾次我都想，如果我以前的老師也跟你一樣，是不是我就能對上學有多一點期待、對學習有多一點興趣了？」

語畢，他思考了會兒。

「還有我也這才發現，原來一直以來，錯的其實都不是我……」

這是好深邃的情緒吧，一方面時間在前行，一方面卻又永恆凍結在受傷的那刻。

直到韶光荏苒的多年後，走進明明他人做了和自己一樣的選擇，卻有著截然不同際遇的故事線。

人們這才恍然驚覺，原來在錯位的時空裡，自己竟然能被溫柔以待，竟然能被溫煦環抱。

「覺得好像，我終於可以不用再自責了。有種釋懷了、鬆了口氣的感覺。」他微笑。

於是在修正的經驗中，受傷的情緒得以治癒，凍結的時間也再次流轉。

透過千遍萬遍地練習，人們終於漸漸能在心底重新學會相信：我的絲毫脆弱，都應該被溫暖接納。「羊羊老師你幫小孩貼ＯＫ繃的記憶，應該也會停留在他們心底很久很久吧。」他說。

聞言，我莞爾。

小孩有時成熟，大人也有時青澀，而成為老師最美好的事情之一，就是可以常常憶起自己兒時的模樣，常常提醒自己成為當年想成為的大人。

各位呢？想成為怎樣的大人呢？

我想成為正是因為自己的童年有些遺憾，所以才更願意把餘生的溫然季節，予以孩子的大人。願我們還是教師的每一天，都能莫忘初衷；願我們都能活出最精采的姿態，往更幸福的地方飛去。

學習與教育 251

不普通的普通小孩

羊羊老師愛的魔法教室，召喚孩子的超能力

作者｜楊元安（羊羊老師）
責任編輯｜蔡川惠
編輯協力｜陳珮雯
校對｜魏秋綢
封面設計｜FE 設計工作室 葉馥儀
版型設計、內頁排版｜賴姵伶
行銷企劃｜溫詩潔

天下雜誌群創辦人｜殷允芃
董事長兼執行長｜何琦瑜
媒體暨產品事業群
總經理｜游玉雪
副總經理｜林彥傑
總監｜李佩芬
行銷總監｜林育菁
版權主任｜何晨瑋、黃微真

出版者｜親子天下股份有限公司
地址｜台北市 104 建國北路一段 96 號 4 樓
電話｜(02)2509-2800　傳真｜(02)2509-2462
網址｜www.parenting.com.tw
讀者服務專線｜(02)2662-0332　週一～週五 09:00~17:30
讀者服務傳真｜(02)2662-6048
客服信箱｜parenting@cw.com.tw

法律顧問｜台英國際商務法律事務所 · 羅明通律師
製版印刷｜中原造像股份有限公司
總經銷｜大和圖書有限公司　電話｜(02)8990-2588

出版日期｜2024 年 05 月第一版第一次印行
定價｜450 元
書號｜BKEE0251P
ISBN｜978-626-305-868-2（平裝）

不普通的普通小孩：羊羊老師愛的魔法教室，召喚孩子的超能力／楊元安（羊羊老師）著．-- 第一版．-- 臺北市：親子天下股份有限公司，2024.05
320 面；14.8×21 公分．--（學習與教育；251）

ISBN 978-626-305-868-2(平裝)

1.CST: 特殊教育 2.CST: 特殊兒童教育 3.CST: 通俗作品

529.507　　113005067